国家自然科学基金项目（41201160）
辽宁省高等学校优秀人才支持计划（WJQ2014019）资助

# 老工业城市产业转型的就业空间响应

董丽晶 著

Employment Space Response to Industry Transformation in the Old Industrial City

中国社会科学出版社

**图书在版编目（CIP）数据**

老工业城市产业转型的就业空间响应/董丽晶著．—北京：中国社会科学出版社，2014.12

ISBN 978-7-5161-5260-7

Ⅰ.①老…　Ⅱ.①董…　Ⅲ.①工业城市—产业结构调整—关系—就业—研究—沈阳市　Ⅳ.①F299.273.11 ②F249.273.11

中国版本图书馆 CIP 数据核字(2014)第 297452 号

---

**出 版 人**　赵剑英
**责任编辑**　卢小生
**责任校对**　董晓月
**责任印制**　王　超

---

**出　　版**　中国社会科学出版社
**社　　址**　北京鼓楼西大街甲 158 号（邮编　100720）
**网　　址**　http：//www.csspw.cn
　　　　　　中文域名：中国社科网　　010-64070619
**发 行 部**　010-84083635
**门 市 部**　010-84029450
**经　　销**　新华书店及其他书店

---

**印　　刷**　北京市大兴区新魏印刷厂
**装　　订**　廊坊市广阳区广增装订厂
**版　　次**　2014 年 12 月第 1 版
**印　　次**　2014 年 12 月第 1 次印刷

---

**开　　本**　710×1000　1/16
**印　　张**　12.25
**插　　页**　2
**字　　数**　218 千字
**定　　价**　39.00 元

---

**凡购买中国社会科学出版社图书，如有质量问题请与本社发行部联系调换**
**电话：010-84083683**

# 摘　要

老工业城市产业转型是区域经济中的一个独特现象，其成功与否直接影响区域经济的发展。20世纪90年代以来，伴随经济全球化进程的日益加速和扩展，中国社会进入转型期，各个城市开始大范围、大规模更新改造。在这种背景下，中国老工业城市产业转型无论形式上，还是规模和强度上都在继续发展，具体表现在产业结构调整、产业空间重构和产业组织变化等方面。在老工业城市产业转型过程中，受影响最大的是城市就业问题。与国内其他城市不同的是，老工业城市就业压力的释放表现在时间和空间上更集中、规模更大。鉴于上述情况，本书以老工业城市产业转型过程为主线，从城市地理学科视角，对老工业城市产业转型过程、老工业城市产业转型影响因素以及老工业城市产业转型对城市就业结构、就业空间形态、社会空间结构等的作用进行了比较系统的论述，并以典型老工业城市——沈阳市作为实证城市，详细论述20世纪90年代以来沈阳市的产业转型过程及经济发展与城市建设、制度改革与振兴政策、国有企业改革与创新环境、资源保护与环境改善等影响产业转型的因素，并从就业结构变化、就业空间差异、就业制度变迁、就业观念转变等方面分析了沈阳市就业变化过程，最后提出沈阳市就业空间调控对策，初步构建了老工业城市产业转型与就业空间研究的理论体系。

# Abstract

Industry transformation of the old industrial city is a unique phenomenon of a regional economy, its success or not will affect the development of regional economy directly. China has entered into a social transformation period and various cities have begun to renovate largely in the the process of economic globalization rapidly since the 1990s. In this background, Industry transformation of old industrial cities in China continue to develop both in form and in size and intensity, specifically in the industrial structure adjustment, the industrial space reconstruction and the change of industrial organization, etc. The urban employment problems have been affected mostly during this period. The release of employment pressure in the old industrial city is more concentrated in time and space than other cities. This book discusses industrial transformation process in the old industrial city from the perspective of urban geography and discourses the influence factors of industry transformation, the effects which include urban employment, spatial form and social structure, etc.. And a typical old industrial city – Shenyang as empirical city, is described including industrial transformation process since the 1990s in detail. This book explores industrial transformation of Shenyang from perspective of industrial upgrading, industrial replacement and industrial convergence. Then, it analyses employment effect on industrial transformation, which including the change of employment structures, institutions and cultures. The results indicate that there are still structural contradictions of employment and re – employment, because Shenyang's have reformed on the state – owned enterprises and urban economy from the mid – 1990s. Finally, we discuss the countermeasures of employment enhancement during revitalizing the old industrial base in northeast, developing portal cities, constructing the new northern developing area and the western industrial corridor of Shenyang, which include to develop the tertiary industry and diverse nonpublic ownership economies, increase labor - intensive industries and small and medium - sized enterprises, accelerate reformation of the state - owned enterprises and perfect the social security system etc..

# 前　　言

城市就业空间结构是指就业在城市内部的空间分布特征、空间组合形式及其形成过程，是城市空间结构的重要组成部分。学术界主要从土地利用、人口、产业、社会空间结构等方面研究城市空间结构，而从就业空间结构视角进行的系统研究相对较少。城市就业空间研究试图以就业问题融合的物质空间与社会空间研究，推动我国城市地理学研究的社会转向，丰富我国城市社会地理学研究内容。目前，我国正处于经济体制转轨和社会结构变迁的关键时期，城市的更新改造正面临前所未有的挑战，下岗、失业、再就业等社会问题凸显，城市就业空间结构变化呈现出前所未有的新机制和新特征。因而，对于城市就业分布的空间结构特征、时空演变、动力机制以及与城市其他空间结构之间的相互作用机理等问题，亟须在理论上加以系统研究。而且，研究城市就业空间演变过程与规律，也可为城市经济转型、更新改造等重大实践问题提供科学依据。

老工业城市作为一种特殊的城市类型，其发展经历了衰退—振兴的过程。在老工业城市更新改造过程中，城市中的就业问题较一般城市更为突出、更具典型性。与国内其他城市相比，老工业城市就业压力的释放表现在时间和空间上更集中，规模更大。近年来，在国家提出振兴老工业基地政策背景下，城市产业转型作为老工业城市可持续发展的必由之路，越来越引起人们的重视。而在老工业城市产业转型过程中，涉及范围最广、关注度最高的就是就业。产业转型迫使被动依赖资源和国家投资的老工业城市进行传统产业体制改革、技术改造，迫使老工业城市发展高新技术产业和高技术含量的制造业。因而老工业城市因资源枯竭、传统制造业衰退导致的结构性失业以及国有企业改制分流导致的体制性失业，构成严重的就业问题。此外，老工业城市都存在迫切需要改造的老工业区，这些老工业下岗失业人员集聚，城市贫困严重，社会治安和社区发展问题突出，已成为城市可持续发展的“问题地区”。在城市更新改造过程中，老工业区大规模改造引起的企业搬迁，也使城市就业空间分布发生了巨大变化。因此，老工业城市就业空间结构演变研究是针对老工业城市经济转型过程中的现实问题，其对老工业城市经济发展、老工业基地振兴具有突出的现实意义和深远的战略意义。

沈阳市是新中国成立初期国家重点建设的老工业城市，是东北老工业基地城市的典型代表，城市就业问题不仅是全国老工业城市的缩影，也具有鲜明的区域特征。沈阳市经济结构以传统重型产业为主，传统重型产业又多以国有大中型企业为支撑，因此沈阳市就业结构存在国有经济比重大、劳动就业结构单一的特点。1995 年，国有经济从业人员比重为 37.3%，制造业从业人员比重为 36%，第二产业从业人员比重为 44.4%。20 世纪 90 年代中后期以来，随着传统制造业的衰退，国有企业改革的深入，从业人员就业构成发生了根本性变化。2002 年，国有经济从业人员比重为 22.6%，制造业从业人员比重为 27%，第二产业从业人员比重为 30.9%，分别比 1995 年下降了 14.7%、9% 和 13.5%。城市中职工下岗、失业问题严重。2002 年年末，沈阳市下岗职工人数 36.5 万，占职工总数的 25.7%，占从业人员总数的 10%。下岗职工中公有制企业特别是国有企业比重最大，占下岗职工总数的 56.3%。下岗职工大部分集中在工业企业，轻工局、纺织局、石化局和农机总公司下岗职工分别占本行业职工总数的 51.9%、43.8%、31.9% 和 55.9%。仅此四个行业的下岗职工总数就占全市下岗职工 28.8%。劳动力就业与再就业的结构性矛盾突出，沈阳市成为全国就业问题最突出的城市之一。

自 2003 年振兴东北老工业基地战略实施以来，一方面，沈阳市继续对老城区进行整治，对部分传统产业进行扩散、转移，大量企业和它们的职工向郊区迁移；另一方面，全面开发新城区，建立沈北新区，建设依托铁西新区的沈西工业走廊，生产企业和相关人口向近郊区集聚，人口和工业的郊区化进程进一步加剧。在城市郊区化快速发展的同时，城市就业在空间分布上也发生重新配置。郊区化导致沈阳市的工业区、居住区等城市土地功能分区日渐明晰，以“单位制”为基础的城市社会结构逐步解体，城市空间结构在物质空间和社会空间发生重构。近年来，随着沈抚同城化、沈阳经济区、辽宁沿海经济带战略的提出和实施，沈阳市在城市功能、产业结构、体制结构以及人口素质等方面发生了新的变化。沈阳市工业空间重组、就业空间变化、劳动力的空间流动等一系列问题，突出地反映了对城市就业空间结构研究的迫切需求。针对这一现实需求，本书把沈阳市作为实证研究区域，研究老工业城市衰退引起的就业结构、就业空间变化等一系列问题，探讨新形势下的就业空间变化条件和机制，寻求就业空间优化、城市空间合理规划的科学途径。

# 目　录

# Contents

# 表目录

# 图目录

# 第一章　老工业城市产业转型的概念界定

## 第一节　研究背景和意义

### 一　研究背景

随着世界人口的日益增长，人类逐渐意识到必须以可持续方式利用资源，对现有的生产和消费体系进行重大改革，产业转型由此应运而生。进入21世纪，经济全球化进程日益加速和扩展，各要素在全球流动和重新分布，导致生产国际化，产业走向全球重新布局，产业转型进入一个活跃发展时期。产业转型在此背景下表现为世界范围内的产业结构调整、产业空间重构、生产组织形式变化以及城市结构功能转变等。伴随产业转型同时发生的是就业空间重构，它主要指世界范围内的生产力布局重构，从而形成新的全球生产网络和劳动分工布局。同时，在经济全球化时代，技术作为生产要素中最活跃的因素，技术进步使生产组织形式发生变化，技术和组织方式的结合推动了创新的扩散，产生了新的发展方式。在新的发展方式推动下，产业发生更替，产业区位发生变化，从而形成了新的产业空间和新的劳动分工布局。

改革开放以来，中国经济发展逐步与世界接轨，成为世界经济体系中的重要组成部分。经济全球化为中国经济带来新的动力。但是，在经济快速增长的同时，中国也面临着经济社会转型的各种问题。尤其是20世纪90年代以来，伴随着全球化进程的产业转移、中国经济体制的转轨和社会结构的变迁，城市产业转型正遭遇前所未有的机遇和挑战。在这个过程中，产业转型伴随着结构调整、空间重构、制度变迁和文化转型，涌现出一系列问题。这些问题对城市建设，乃至国家社会的持续发展都产生了巨大的冲击，理应受到社会的关注，并进行深入细致的分析研究。

老工业城市作为一种独特的城市类型，在产业转型过程中，城市中出现的问题较一般城市更为突出、更具代表性。具体表现为，在产业结构调整方面，老工业城市中传统工业比重较大，传统工业的衰落和工业升级改造较一般城市更为困难。在产业空间重构方面，由于老工业城市的工业布局都是在计划经济时期按照行政指令布局，工业布局不合理。在转型过程中，实行对城市产业空间的重新布局，如市区“退二进三”、工业外迁以及各类开发区、工业园区的建设等。在产业制度变化方面，由于老工业城市往往都是最早进入计划经济体制最晚退出计划经济领域的，且其公有制企业特别是国有企业在工业经济中占绝对比重，因此转型过程中的重点为国企改制。此外，在产业文化转变方面，老工业城市中的“工业文化”和“单位文化”更为典型。这些都反映了老工业城市产业转型的特殊性。

近年来，在国家提出振兴老工业基地政策的同时，产业转型作为老工业城市可持续发展的必由之路，越来越引起人们的重视。而在老工业城市产业转型过程中，受影响最大、波及范围最广的是城市中的就业问题。与国内其他城市不同的是，老工业城市就业压力的释放表现在时间和空间上更集中，规模更大。老工业城市因资源枯竭、传统制造业衰退等导致的结构性失业，国有企业改制分流导致的体制性失业，城镇其他失业和农村剩余劳动力流入等造成了严重的就业问题。老工业城市的就业问题成为世界性课题，也是世界性难题。因此，本书将老工业城市的产业转型与就业联系起来，一方面，基于老工业城市产业转型过程中的现实问题。另一方面，因为以往中国对产业转型的研究，主要集中在经济系统和环境系统方面，对衰退产业转型及其环境评估关注较多，尤其对资源型城市产业转型的研究居多。相对而言，对社会系统及社会—经济—环境三者关系的研究较少。将产业转型与就业联系起来，考虑就业既是经济问题，又是社会问题，便于整合对经济和社会系统的研究。

在这种背景下，本书以老工业城市沈阳市为例，从城市产业转型入手，就产业转型的过程、特征、影响因素，以及对就业结构、就业空间等影响进行系统研究，试图建立中国老工业城市产业转型与就业变化研究的基本理论框架。

## 二 研究意义

### （一）理论意义

从理论视域看，国外学术界已从多学科角度对产业和就业进行了研究，地理学界在此领域的研究尤为活跃，它对产业转型和就业空间的相关研究较多。我国对产业和就业进行研究的学科很窄，经济学、社会学在这方面所做的工作比较多，地理学对它们的关注相对较少，特别在就业空间的研究方面基本未给予关注。本书侧重从地理学角度对产业转型和就业空间进行研究，拓展我国产业和就业研究的学科领域，扩大地理学的应用范畴，对地理学理论也是一种有益的补充。

中国城市研究集中于全球化和市场化条件下的城市化过程和机制转型研究。本书立足于城市产业转型的过程特征、成因机制的分析，对城市就业空间进行探究，试图以就业问题将传统的物质空间与社会空间融合到一起，符合我国城市研究向社会地理的转向，在一定程度上充实我国城市社会地理学的研究内容，促进我国城市社会地理学的发展。此外，就业空间的纳入也丰富了城市空间内涵，为一直专注于城市空间研究的城市地理学开拓新的研究范围。

通过对国际上有关产业转型和就业空间问题研究的总结，适当引入国外相关研究的理论和方法，结合中国城市的实际背景，形成我国产业转型和就业空间研究的基本思路和理论框架，为我国产业和就业理论构建起到积极的推动作用。同时，本书选取典型老工业城市——沈阳市作为研究对象，可以揭示老工业城市产业转型过程中就业空间的变化规律，总结出相关理论。

（二）实践意义

产业转型是一国经济发展过程中必然面对的重点和难点，经济发展必然伴随产业转型，产业转型也必然贯穿于经济发展的整个过程。我国国民经济“十五”计划和“十一五”计划都将产业转型列为经济结构调整的重要内容。产业转型也是21世纪我国经济发展面临的主要问题，随着经济全球化进程的加快，城市产业结构调整和转型的加速，产业空间发生了新的变化，传统工业从城市中心区向城市郊区迁移，而新兴工业的出现，又使工业回到了市区。企业作为产业的基本组织单元，在经济、社会转型期也发生了重构，尤其以国有企业改革影响最为深远。按照目前国家政策，国有企业改革将进一步深化。一方面，国有企业的战略性重组，将带来联合兼并、被兼并、破产等一系列企业活动；另一方面，建立现代企业制度，将改变企业与地方政府的关系，弱化政府对国有企业的控制，国有企业将根据市场需求考虑其发展战略。以上各方面均可反映在城市就业空间上，如就业结构的变化，就业空间分异，就业制度变迁等。因此，我国城市产业转型和就业空间重组已经呈现前所未有的新机制和新特征，成为城市研究的一个重要领域。该领域的研究，为转变经济增长方式，培育新经济增长点提供可能，对于深入认识和解决下岗失业等迫切需要解决的就业问题，从而达到构建和谐社会的目标，具有重要的现实指导意义。

在东北老工业基地，量大面广的传统工业早已不能适应市场经济发展的要求，更不能适应经济全球化的发展趋势。为解决东北老工业基地发展问题，国家提出振兴东北老工业基地的战略举措，拉开了东北老工业城市更新改造的新的历史序幕。沈阳市是新中国成立初期国家重点建设的老工业城市，也是东北老工业基地城市的典型代表，具有东北老工业基地存在的普遍问题。城市经济结构以传统重型产业为主，传统重型产业多以国有大中型企业的形式存在，因此存在国有经济比重大，大中型企业多，劳动就业结构单一问题。在老工业城市向新型工业城市转变过程中，产业发生转型，由此引发的产业替代、产业升级、产业链延伸、产业转移和产业融合等都对劳动力资源的重新配置产生了深刻影响。因传统制造业升级改造、国有企业改制分流等造成的下岗失业问题，严重束缚了沈阳市的经济发展。本书选取沈阳市作为案例城市，在城市产业转型过程中，针对全社会关注的焦点问题——就业进行研究，以期为沈阳市在老工业基地振兴和“十一五”规划期间产业结构调整和就业政策制定提供科学依据。同时，通过实证分析，剖析我国转型期老工业城市产业转型及就业变化的产生背景、结构特征和发生机制，为老工业基地的振兴提供新的思路，对老工业城市可持续发展具有重要意义。

## 第二节　老工业城市界定

### 一　老工业城市的含义

西方国家的老工业城市主要是指在工业革命影响下，依靠所在地区较好的资源优势或优越的区位条件而发展起来的工业城市。西方老工业城市有两大特点：一是一般起步于工业革命时期；二是在当今全球化、一体化潮流中，老工业城市开始产生一系列工业产业结构或组织的老化以及衰退问题，呈现“衰老”态势。

## 二　我国老工业城市的特点

我国老工业城市是指在计划经济时期国家投入较多而形成较大工业规模的城市。由于各种内外因素的影响，老工业城市普遍面临着一些突出矛盾和困难，已经成为"问题地区"。因此，促进这类"问题地区"的振兴，是我国当前和今后一个时期实施和完善区域政策的一项重要任务。目前，学术界对我国老工业城市的概念还无准确界定，但对其相近的"老工业基地"概念探讨热烈（见表1－1），为此借鉴老工业基地的相关概念的讨论，对老工业城市概念进行分析。

**表1－1　　　　我国部分学者关于老工业基地概念的一些观点**

| 代表人物 | 主要观点 |
| --- | --- |
| 戴伯勋 | 中国的老工业基地，是指在新中国成立以前及成立初期形成的、对区域经济或全国经济产生巨大影响的工业集群区域或城市 |
| 林 凌 | 我国老工业基地的形成，大体上是在鸦片战争后的洋务运动时期、抗日战争时期、第一个五年计划时期、"三线"建设时期，已有一百多年的历史 |
| 费洪平 | 老工业基地是指那些在新中国成立前及成立初期（主要是"一五"时期）所形成的对工业化起步产生过重要影响的、门类比较齐全、相对集中的工业城市 |
| 刘 通 | 老工业基地是老工业城市中的一种，即那些改革开放前形成的、工业规模大、重工业比重高、对全国经济发展起过重要带动和辐射作用的大中型工业城市 |
| 王青云 | 老工业基地是老工业城市中的一种，即那些改革开放前形成的、工业规模大、重工业比重高、对全国经济发展起到过重要带动和辐射作用的大中型工业城市 |

资料来源：黄健毅：《我国老工业城市发展的区位因素与经济振兴模式研究》，硕士学位论文，中国科学院研究生院，2009年，第10页。

根据上述关于老工业基地界定的讨论，考虑城市历史发展的继承性，我国的部分老工业城市发展历史较早，可以追溯到新中国成立之前。另外一部分老工业城市是"二五"及"三线"建设时期建设的大量新兴工业城市，因而老工业城市带有浓厚的计划经济体制色彩。据此对我国老工业城市概念进行界定：我国老工业城市是指在改革开放前，受计划经济体制影响，国家重点投资建设而形成的国有企业比较集中、工业规模大且比重高、曾经对我国工业化进程和经济发展作出重要贡献的城市地域。大部分老工业城市之所以有今天的困难，在一定程度上是由于在计划经济时期为了全国经济发展做出了巨大贡献，牺牲了自身的利益，自身积累偏少甚至没有，最终导致在体制转轨和市场竞争中处于不利地位并面临一系列困难。

在特殊国情下，我国老工业城市有以下特征：（1）工业生产比重大，国有企业密集。（2）工业用地布局分散，用地比重偏大，城市功能布局混乱，土地的级差效益没有得到充分体现。（3）主导企业的二元性，老工业城市中的主导企业办社会情况十分普遍，城市中往往派生出两个功能主体：一是以市政为主体的地方经济社会运行组织系统；二是以大中型企业为主体的经济社会运行组织系统。（4）国有工业企业改革引起的下岗再就业问题严重。（5）受城市工业企业污染影响，城市生态环境亟待改善。

## 第三节　产业转型概念

转型是20世纪80年代开始的一个产业发生根本性变化的过程。最初是指一个以新制度代替旧制度的过程，是实质性的改变和引入全新的制度安排。伴随经济和社会发展，转型的内涵也在不断地丰富和充实，从制度领域扩展到其他社会子系统。有学者提出，转型是传统产业重要的经营目标，产业一方面面对外部环境的变化，一方面又面对本身生命周期发展与经营优势及劣势的改变，而采取的因应对策。① 亚当斯（Adams）认为，转型是在思考和行为上彻底且完全的改变，以创造出一个不可回复、与先前不连续的系统。② 罗特曼斯（Rotmans）等人对转型做了比较全面的界定，即指“技术、经济、社会和制度相互作用，多尺度、多阶段社会子系统的结构变化过程”。③

产业转型（IT）是全球环境变化人文因素计划（IHDP）中的七个核心科学计划之一。全球环境变化人文因素计划（IHDP）是由国际社会科

① De Vise，P.，“The Suburbanization of Jobs and Minority Employment”，*Economic Geography*，No. 52，1976，pp. 348 – 363.

② Adams，J. D.，*Transforming Work*，Miles Review Press，Alexandria，1984，p. 205.

③ Rotmans，J.，“Transitions & Transition Management for Sustainable Development”，*International Centre for Integrative Studies*（ICIS B. V.），Maastricht，December 2000，p. 32.

学理事会、联合国教科文组织和国际远景研究机构联合会联合支持的一项国际性、跨学科的科学计划，它的制订是为了补充完善早期的自然科学计划，如国际地圈生物圈计划（IGBP）、世界气候研究计划（WCRP）和生物多样性科学计划（DIVERSITAS）。① 全球环境变化人文因素计划（IHDP）挑选出四个重要主题作为国际合作科学项目，产业转型是其中之一。全球环境变化人文因素计划（IHDP）指出，产业转型以当前产业体系向可持续产业体系转变为主要研究内容，其目的在于减少产业活动对环境的影响，解析产业系统向可持续方向发展的社会机制和驱动力，分析社会经济间复杂的相互作用，最终寻找将产业体系向可持续发展转变的重要途径。②

我国的产业转型是由工业转型发展变化而来的。最近几年，已经以"工业转型"的名称对其进行了国际性讨论。工业转型代表一种创新的研究路线，目的在于揭示能够促进工业体系向可持续发展转型的社会机制和驱动力。2005 年，经全球环境变化人文因素计划中国国家委员会（CNC - IHDP）常委会同意，设立 CNC - IHDP - IT 工作组，并将"工业转型"更改为"产业转型"。③

## 一　广义概念

产业转型是介于自然科学与社会科学之间的交叉学科，它以物理学、化学和技术科学等自然科学为基础，同时又包含经济学、地理学、社会学、人类学等社会科学相关知识。目前，国际上尚无公认的关于产业转型的定义。产业转型目前有广义和狭义两种理解。广义的产业转型以全球环境变化人文因素计划（IHDP）中的 IT 计划为代表，指以产业为突破口，联系生产者和消费者，研究城市社会—经济—环境变化的动态系统关系，实质是人类生态关系的系统研究。④ 产业转型试图认识复杂的社会—环境间的相互作用，处理社会、科技和环境变化之间的相互关系，致力于与全

---

① 《国际全球变化研究框架与新计划》，http：//www：globalchange：ac：cn/old/2001 - 1 - new% 20global% 20change% 20programs：pdf。

② Turok，I.，*Scottish Urban Policy Continuity Change and Uncertainty Post Devolution*，*in* C. Johnstone and M. Whitehead（eds.）New Horizons in British Urban Policy Perspectives on New Labour's Urban Renaissance，Aldershot Ashgate，2004，p. 112.

③ CNC - IHDP：http：//www：ihdp - cnc：cn/workgroup/IT：html.

④ Vellinga，P.，Herb，N.，"Industrial Transformation Project：IT Science Plan"，*IHDP Report* No. 12，Bonn，Germany，1999，p. 48.

球环境有关的系统和系统变化的研究。生产和消费系统（包括激励机制和相关的制度框架）根本性转变的潜力和可行性是产业转型研究的中心领域。

归纳众多学者观点，广义的产业转型可以近似地定义为产业代谢过程的转型，即指反映经济活动全过程的转型，而不仅仅是产业部门的转型。这里的产业指为社会提供专门需要而进行的经济活动的整个行为过程链。因此，产业转型可以进一步解释为基于社会可持续发展的生产与消费过程转型。①

## 二 狭义概念

从产业转型概念内涵的角度去理解，狭义的产业转型大体分为以下几类：

第一类，强调产业关系转型。主要指产业关系系统的变化，包括这个系统的网络基础以及深层的结构变化，该变化过程可以通过适应或突变来完成。② 主要从制度角度，针对工作场所的财产权归属，雇主和雇员的相互关系，私有制还是公有制，以及劳动力市场中的交换性质等，来区分是否发生产业转型。不同学者通过研究不同国家的产业关系转型的特征，试图对其概念做出进一步解释。科坎（Kochan）等人对美国的产业转型进行研究，认为在这个过程中，交易场所趋于分散，各交易场所的战略决策者的自主性增强，同时，产业组织、参与的职工、就业安全及附属的工资报酬等都发生了改变。洛克（Locke）等人就美国、英国、法国、德国、澳大利亚等发达国家在产业转型中的共同特征做了四点归纳：（1）企业聚集（人力资源和产业战略决策所在地集中）；（2）流动性增强（主要指组织和配置劳动力方面）；（3）重视技术发展；（4）工会成员减少。③

第二类，强调产业结构转型，即产业的升级换代。认为产业转型实质是产业结构重构，以主导产业部门的转换为特征来表示产业结构的变化，

① 郭丕斌：《新型城市化与工业化道路——生态城市建设与产业转型》，经济管理出版社2006年版，第7页。

② Erickson, C. L. and Kuruvilla, S., "Industrial Relations System Transformation", *Industrial and Labor Relations Review*, Vol. 52, No. 1, 1998, p. 36.

③ Locke, R., Kochan, T. and Piore, M., *Conclusion: The Transformation of Industrial Relations? A cross - national Review of the Evidence*, Employment Relations in a Changing World Economy, Cambridge: MIT Press, 2000, pp. 359 - 384.

是生产要素的替代及其在变化环境下的一种重新组合。① 对围绕产业结构变化、调整以及为解决这些问题所制定的政策措施展开研究②，指出产业转型是一个结构调整、制度创新、机制再造、观念转变的过程。

第三类，重视产业布局重构。认为产业转型是从传统产业的布局结构转向以高新技术产业为主、服务业全面发展的产业新格局，导致城市功能结构特征发生变化。③

第四类，重视产业组织变化。认为产业转型在微观层次上表现在不同规模层次的企业之间协作分工，以及企业组织的空间变化。

综上所述，狭义的产业转型可以概括为，在一国或地区的国民经济主要构成中，产业结构、产业关系、产业组织、产业空间等发生显著变化的状态或过程，如高新技术导向的产业结构转型、市场导向的产业关系转型、规模经济导向的产业组织转型以及集聚导向的产业空间转型等。本书的产业转型即指狭义的产业转型。

## 第四节　老工业城市产业转型内涵

老工业城市的产业转型，是一个国家特殊类型的城市——老工业城市的转型。老工业城市产业转型并非人们主观意志能决定，而是由老工业城市发展规律共同作用的结果。老工业城市产业转型是指由于传统工业的逐渐枯竭，地区经济发展出现很大障碍，由此引发的一系列社会问题严重阻碍地区的可持续发展，为了摆脱对原有传统产业的依赖，城市主导产业向具有带动力的新型产业转变，通过发展接替产业——包括接续产业和替代产业，使城市发展摆脱对传统产业的依赖，从而规避衰败以实现城市的可持续发展。这种转型经常引发经济、政治、法律、社会、文化等诸多方面的系统变革。老工业城市产业转型的本质是摆脱传统产业依存化，也就是使城市发展摆脱对不可再生自然资源依赖的过程，由现存的不可再生自然

① 冯建：《转型期中国城市内部空间重构》，科学出版社 2004 年版，第 8 页。

② Noren, R., "Industrial Transformation in the Open Economy: A Multisectoral View", *Journal of Policy Modeling*, Vol. 20, No. 1, 1998, p. 25.

③ Tian, G. J., Liu, J. Y., Zhang, Z. X., "Urban Functional Structure Characteristics and Transformation in China", *Cities*, Vol. 19, No. 4, 2002, p. 37.

资源的开采和加工产业转向其他新型产业。

老工业城市产业转型过程本质是一个不断创新的过程，不仅包括产业创新，产业结构的优化升级，更是一场全方位的社会变革。① 老工业城市转型的内涵应主要包括产业结构调整及产业取向的转化；主导产业、支柱产业、优势产业的再选择、再配置；产业空间重构及重新配置，改变原有劳动力空间分布形态；产业制度、产业文化转变，人文价值观念的变化，等等。这一切也必然涉及经济战略和政策的再调整过程，是一个复杂的系统工程。产业转型使社会机制和体制更加符合社会主义市场经济运行的要求，使市场经济运行更加有效；使就业结构发生变化，改变原有劳动力资源的形态，通过劳动力资源的二次开发，提高其附加值，使就业结构的变化符合产业结构变化的速度；使城市空间结构重新调整，地区生态环境不断改善，改变人们的居住环境，使其更适合人们居住，更适合经济社会的可持续发展；也是使人们思想观念不断变化和更新的过程。总体来讲，老工业城市产业转型的过程是一个机制和制度不断创新的过程，同时也是文化和观念不断更新的过程。

## 第五节　研究的技术方法

本书运用文献研究法，对相关的国内外研究成果进行了检索、分析和评述，形成了本书研究的理论基础；运用逻辑分析法，通过对中国老工业城市产业转型的过程进行归纳、演绎，总结出老工业城市产业转型的共性特征和规律，建立起研究理论思维框架；运用对比分析法，将历史分析法应用于城市产业转型的时间过程分析，将空间分析方法应用于城市产业空间重组和就业空间分异的分析当中，并采用横向比较法对不同城市的同一指标进行对比；运用案例分析法，将理论应用于典型老工业城市——沈阳市的实证分析当中；在对实证城市的调研过程中，运用了社会调查方法，包括对统计年鉴分析、对各种规划文本分析、对各种相关事件的调查以及对城市统计局、人保局、发改委和开发区统计机构的调研等，为研究提供

① 罗建怡：《古坑华山地方产业转型观光发展的问题与策略》，硕士学位论文，中国台湾，世新大学，1994 年，第 7 页。

了第一手资料支撑；此外，本书研究采用定性与定量分析相结合的方法，运用数理统计方法，对调查资料进行数据统计和处理，在定量评价基础上结合定性分析，判断并归纳得出在现实条件下适当的、合理的模式（见图1－1）。

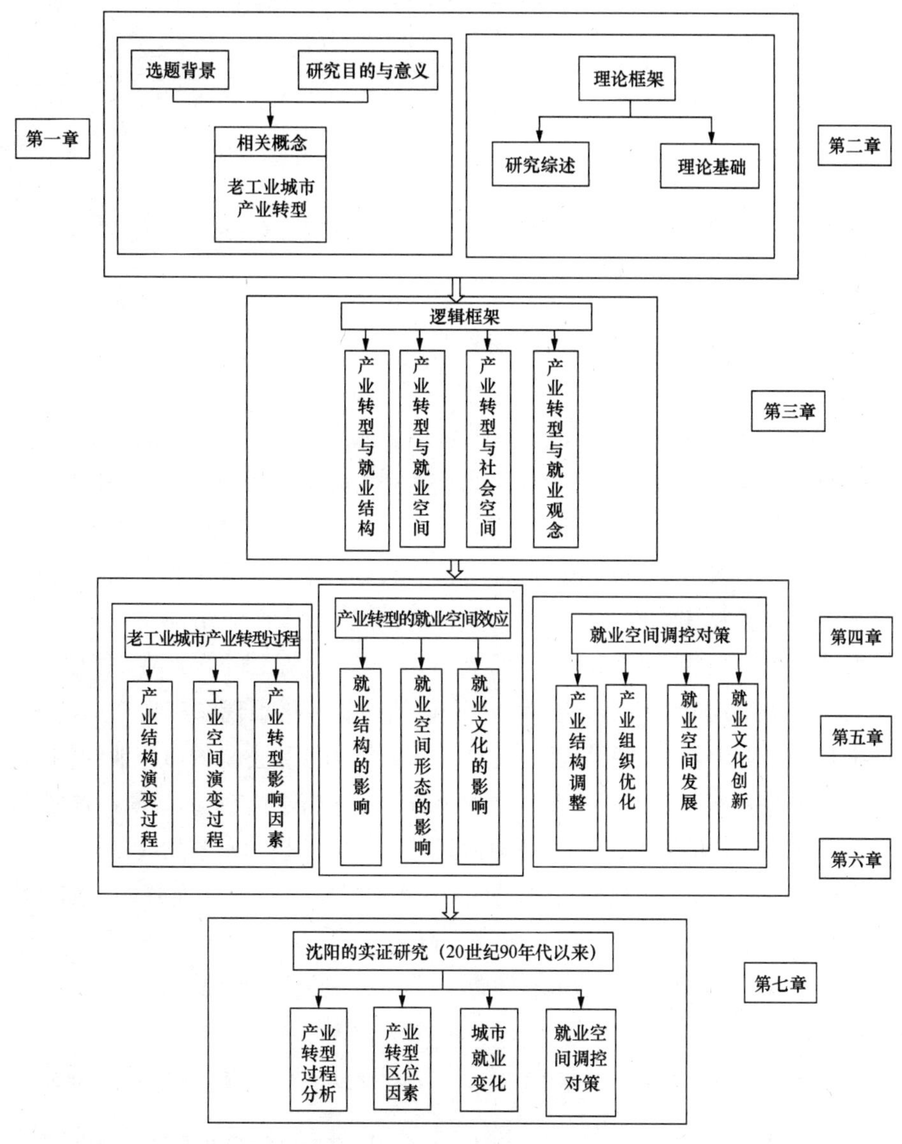


图1－1　本书的框架结构

# 第二章　城市产业转型与就业空间研究的理论框架

## 第一节　国内外相关研究综述

### 一　国内外产业转型的研究进展

#### （一）产业结构研究

城市产业结构是指一个城市内的资金、人力资源和各种自然资源与物质资料在各产业部门之间的配置状况及其制约方式，反映为产业总体中各产业的比重及这些产业之间的相互关系。① 城市发展过程的不同历史时期是一个产业结构转换和主导产业部门置换的过程，也是资源和包括土地要素的时空配置及其结构形成、调整和转换的过程。② 产业结构变化，本质上并非简单的某些产业部门比例的上升或下降，而是以主导产业部门的更迭为特征的结构上的飞跃式变动。③ 产业结构的优化表现在三次产业比重的消长和产业内部关系的协调。此外，产业结构转移也是城市产业结构调整的一个重要方面，其主要指生产要素在空间和不同产业部门间的流动，具体表现为产业的要素结构由劳动密集型向资本、技术密集型转换。

国外对产业结构的研究主要集中在分析现象、揭示机理方面。如 20 世纪 50 年代以来，美国产业结构发生巨大变化，制造业急剧衰落，服务业迅速崛起，生产性服务业地位不断上升。巴黎、伦敦、曼彻斯特等许多

---

① 葛永军、许学强、阎小培：《中国城市产业结构的现状特点》，《城市规划汇刊》2003 年第 3 期。

② 郭鸿懋主编：《城市空间经济学》，经济科学出版社 2002 年版，第 10 页。

③ 顾朝林：《概念规划——理论、方法、实例》，中国建筑工业出版社 2005 年版，第 30 页。

城市都曾经历不断的产业结构调整并优化空间结构的过程。面对这种情况，学者们从不同角度对产业结构进行了研究。其中，有学者深入探究了产业结构调整对就业稳定性、就业人员经济活动的影响，另有学者就不同产业关系背景下不同国家的职业教育和培训情况进行了分析。格罗伊恩兹（L. Greunz）采用153个欧洲区域和16个制造部门的样本，基于雅各布斯（Jacobs）外部性和MAR外部性，就产业活动的组成是否影响创新做了深入研究。结果表明，各种外部性都对创新有重大影响，其中以雅各布斯外部性在高密度区域和高技术部门尤为突出。① 佩内德（M. Peneder）利用28个OECD国家的数据，将传统的移动份额分析法和动力面板估算方法应用到标准增长模型当中，分析20世纪90年代产业结构对宏观经济发展和增长的作用。德威克（P. Dewick）等研究了技术扩散对产业结构变化、经济增长和环境的作用，指出随着生物技术和纳米技术的发展和扩散，一些产业增长和新产业出现，另外一些产业衰退。此外，技术扩散在不同时空的作用是有差异的，对英国、美国和中国三个国家进行对比分析发现，英国和美国技术对产业结构的作用相似；而中国直到2020年，该作用都会较弱，到2050年，作用强度与其他两国相同。此项研究对未来生产、经济增长和能量需求有重要影响。② 应对各种不同的作用机制，对各国产业结构的研究也不乏其数。如在国外能源储备危机爆发的情况下研究韩国产业结构的变化特征。在经济全球化对社会经济要素产生新作用的前提下，研究日本产业结构新变化的方向，力求保持技术效率和生活安全的状态③等。此外，有学者在国际贸易循环的背景下，以改善和促进国际商务循环转型为目标，研究国家经济发展中的产业结构与商贸结构的关系。④ 还有对比各国产业结构的研究，如N. Yamada将日本产业构成在GDP中的比重与美国进行比较，指出其制造业比重比美国高，而零售、金融、房

① Greunz, L., "Industrial structure and innovation – evidence from European regions", *Journal of Evolutionary Economics*, No. 14, 2004, pp. 563 – 592.

② Dewick, P., Green, K., Fleetwood, T., Miozzo, M., "Modelling creative destruction: Technological diffusion and industrial structure change to 2050", *Technological Forecasting & Social Change*, No. 73, 2006, pp. 1084 – 1106.

③ Ozawa, T., "Japan's dual industrial structure as a welfare system: 'The Lexus and the Olive tree' and the vulture", *Journal of Economic Issues*, Vol. 37, No. 2, 2003, p. 39.

④ Baxter, M., Kouparitsas, M. A., Trade structure, industrial structure, and international business cycles", *The American Economic Review*, Vol. 93, No. 2, 2003, p. 56.

地产等服务业比重却高于日本，由此对未来日本经济结构调整提供指导性建议。①

在世界各国纷纷加快产业结构调整步伐背景下，借鉴国外产业结构调整的基本趋势，即农业比重逐步下降，工业和制造业比重有升有降，服务业比重呈上升趋势，我国产业结构调整的紧迫性越来越大。我国城市产业结构存在以下特点：城市产业结构类型齐全；城市产业结构整体处于工业化阶段，以Ⅱ＞Ⅲ＞Ⅰ型最多；城市产业结构的地带性明显；城市产业分工与城市规模的对应关系滞后。② 我国城市产业结构演化过程主要分为三个阶段，在不同发展阶段，产业结构变化作用于城市经济增长，此外，由于城市功能必须通过产业结构体现出来③，产业结构发生变化，导致城市优势产业的转换，由此决定城市主导功能的变化。20 世纪 80 年代中后期以来，我国产业结构研究发展较快。最大的特征是从比例关系研究、过程研究逐步向机理研究、动力机制研究和模拟研究转变。国内学者对于城市产业结构升级的理论研究较多，主要涉及升级模式、动力机制、影响因素定量分析等几个方面。分析影响产业结构变化的驱动因素，这些因素包括信息化、技术创新、资源禀赋、劳动力素质、外资规模、政府政策和劳动生产率等。在产业结构的研究中，部分学者指出不同类型地区的产业结构演变特征、规律，并指出我国产业结构趋同化问题，针对城市的可持续发展，提出产业结构合理化和高度化，即通过将传统产业的改造和信息产业等高新技术产业的发展有机结合起来，在加快我国工业化进程的同时，提高我国经济与社会发展的信息化程度，使我国整个产业结构不仅实现不同产业部门之间的比例关系的协调，更重要的是推动产业结构发生质的变化，即从低级化状态向高级化状态转变。

（二）产业空间研究

城市产业空间结构是产业部门结构在地域空间上的落实。④ 城市产业的空间发展同时存在两种相互交织、方向相反的运动——向心的空间聚集

① Yamada, N., "The Future of Industrial Structure in Japan and the United States of America", *Japan and the World Economy*, No. 12, 2000, pp. 189 – 192.

② 林兰、曾刚：《纽约产业结构高级化及其对上海的启示》，《世界地理研究》2003 年第 3 期。

③ 任宗哲：《城市功能和城市产业结构关系探析》，《电子科技大学学报》（社会科学版）2000 年第 2 期。

④ Logan, J. R., *The New Chinese City*, Blackwell: Oxford, 2002, p. 89.

和离心的空间扩散运动。① 聚集与扩散是现代产业经济活动在空间结构上的基本规律。② 根据对空间结构演化过程的历史分析，空间结构的演进大体上与产业结构的演进是一致的，并随着工业化的进展而呈阶段性变化：由产业分散化、空间上均衡化向集中及更高的集中，再向多极化、分散化、网络化以致城市郊区化方向发展。③ 最早对产业空间的研究是从工业布局开始的，多针对区域或国家工业布局而言。近年来，城市工业郊区化问题和城市商业空间的研究成为热点。

西方学者通过研究发现：传统制造业大多技术落后、设备陈旧老化、产品过时，市场竞争能力差，厂房以多层建筑为主，原材料的运输以及随后的生产过程都是由上向下，或由下向上逐层进行，这种厂房条件既增加了电梯及输送设备等成本费用，又不便于仓储和运输。其次，受内城空间限制，传统制造业难以在大片地域展开。再者，由于内城地价昂贵，交通拥挤，导致制造业生产成本相对较高，利润下降，不利于其参与国际市场竞争。另外，从城市发展的环保需求看，传统企业因厂房简陋、防尘排污等措施不力，往往造成空气污染、水污染严重、噪音过大，有关立法也限制这类企业在内城发展。④ 基于上述情况，对于传统制造业，内城所具有的有利条件逐渐丧失，而其在地域和空间上受到的限制却日益显现，结果是传统制造业在内城逐渐走向衰落，并纷纷外迁到地域开阔的郊区。⑤ 此外，由于城市产业结构的升级改造，导致城市原有的用地结构及功能不再适应城市经济发展的新需要，其结果就是传统的工业、低层次和小规模的零售业及破旧的住宅或自行消失，或从内城被新兴产业替换出来。斯蒂德（Steed）最早研究了加拿大著名港市——温哥华工业活动的空间转移现象，他提出一套界定工业郊区化的研究方法；研究发现：工厂数量减少最多的区域均位于城市最中心的地段，而工厂数量增加最多的区域则处于比较靠

① Mizuno, K., Mizutani, F., Nakayama, N., "Industrial Diversity and Metropolitan Unemployment Rate", *Ann Reg Sci*, No. 40, 2006, pp. 157 – 172.

② 戴伯勋主编：《现代产业经济学》，经济管理出版社2001年版，第110页。

③ 周一星、孟延春：《中国大城市的郊区化趋势》，《城市规划汇刊》1998年第3期。

④ Clark, T. N., Lloyd, R., Wong, K. K., Jain, P., "Amenities Drive Urban Growth: A New Paradigm and Policy Linkages, *Research in Urban Policy*, No. 9, 2003, pp. 291 – 322.

⑤ 科勒（L. R. Kohler）：《全球环境变化国际人力因素计划推出的工业转变研究举措》，《产业与环境》1999年第1期。

近城市边缘的区位。[①] 温特（Winther）通过对大哥本哈根产业空间的研究指出，最近十年以来，郊区的制造业开始下降，工业开始向更外围地区转移，都市区的外围区域正经历一个新产业的增长期。[②] 技术进步使得生产要素在部门间和空间上进行转移，并产生一批新产业，形成新的城市产业结构与空间特征。Gospodini 对后工业化时代的城市空间结构进行探讨，发现城市中心应布局繁荣的经济活动，内城应聚集高水平的金融服务业、技术密集型企业和知识型的公共机构，使内城成为创造型的“中心岛”，并伴随新的城市管理战略而发展。[③] 哈顿（Hutton）分析了内城的新产业聚集成为新经济重要的空间特征，其中包括计算机制图和成像，软件设计和多媒体产业（也就是所谓的“科技重组产业”，如建筑和绘图设计）；提出了关键的发展因素，强调这些聚集的区位和形态，以伦敦、旧金山、新加坡和北美范库弗峰等城市为例进行论证，表明这些新工业聚集在 21 世纪的城市变化中扮演了重要的角色，代表了内城生产的重组、城市产业空间的再分配和社区重构。通过研究发现，新经济产业是城市空间改造的中心，它进一步推动了大城市的社会经济变化进程。[④] 国外城市第三产业空间变化伴随郊区化的进程展开。20 世纪 50 年代以后，发达国家的工业、商业和零售业活动、办公业和高技术产业等也先后出现空间分散化发展趋势，分别形成郊区化发展的第二、第三、第四次浪潮。过去被认为一定要集中的大城市街道上的办公业功能，也顺应了郊区化趋势。1954 年，纽约办公业热衷于外迁，在 1955—1980 年达到了顶峰，许多大公司均放弃了在中心城市的总部。加德（Gad）对 20 世纪 90 年代以前多伦多的研究发现，当时的郊区化正在导致中心区和近郊区在办公地域上的质的差异，因为基于高等级的决策和服务功能，中心区已经变成了高度专业化的地区。[⑤] 其后，人口和工业的外流减少了当地的服务业需求，因而城市中服务业增长慢于其他地区。另有一些学者将目光投向文化产业空间，克鲁和贝弗斯托克（Crewe and Beaver-

---

① 林兰、曾刚：《纽约产业结构高级化及其对上海的启示》，《世界地理研究》2003 年第 3 期。

② Winther, L., “The Economic Geographies of Manufacturing in Greater Copenhagen: Space, Evolution and Process Varity”, *Urban Studies*, No. 9, 2001, pp. 1423 - 1443.

③ Gospodini, A., “Portraying, Classifying and Understanding the Emerging Landscapes in the Post - industrial City”, *Cities*, Vol. 23, No. 5, 2006, p. 125.

④ Hutton, T. A., “The New Economy of the Inner City”, *Cities*, Vol. 21, No. 2, 2004, p. 89.

⑤ Gad, G., “Office Location Dynamics in Toronto: Suburbanization and Central District Specialization”, *Urban Geography*, No. 6, 1985, pp. 331 - 351.

stock）以英国城市诺丁汉为例，探讨了文化的生产和消费在当代城市更新改造中的作用。Yang 和 Hsing 以 Kinmen 城市为例，分析其文化产业（尤其是历史和战争的遗迹）依靠当地的制度转化成为关键的经济力量，强调了文化产业是许多城市空间发展的一个重要的区位经济力量。① 克拉克（Clark）等认为，传统意义上城市的发展动力主要有经济和文化两种，而文化动力从属于经济动力，即文化围绕生产服务。而后工业化和全球经济时代的到来，使文化成为城市经济活力的关键因素。通过对芝加哥城市的分析发现，城市的娱乐功能在政治、经济过程中被激活，城市的文化、艺术空间发生重组，娱乐和休闲的功能得到加强。②

我国城市产业结构正在进行重大调整，以发展第三产业为导向，推行"退二进三"、"腾笼换鸟"、"双优化"和"置换土地"等工程，促使许多现存于中心城区的工业外移，为新兴产业和经济效益高的产业腾出发展空间。有学者研究了广州市老城区及其周围工业区的工厂数和职工人数，其比重出现了负增长，城市工业由城市向边缘区和郊区不断扩散。又如北京市从 20 世纪 70 年代开始对中心城区污染扰民企业和城市功能逐步调整，工业外迁幅度不断加大。在传统工业外迁的同时，以高速交通和通信技术为主要社会支撑技术的进步及技术创新、推广，促进了高新技术产业的发展及新产业空间的形成，如 20 世纪 80 年代以后在城市边缘区新建的、以高新技术为特色的新型工业空间，以各类开发区和工业园区为代表。此外，城市中心主要发展以商业、信息、金融等为主的第三产业，新的市区空间正在改变城市的工业空间结构。国内对新产业空间的研究包括新产业区理论的引介及研究；信息产业及信息空间的研究；高新技术以及高新区、经济技术开发区的系列研究等。

（三）产业组织研究

产业组织主要研究企业间的关系结构。③ 自 20 世纪 60 年代初美国地理学家麦克尼（McNee）提出企业地理概念后，伴随着企业组织结构及决策过程的复杂化，企业组织的空间行为变得日益重要起来。企业地理学的研究是从对企业的空间行为以及跨国公司的空间扩散研究着手的，通过对

① Yang, M. C., Hsing, W. C., "Kinmen: Governing the Culture Industry City in the Changing Global Context", *Cities*, Vol. 18, No. 2, 2001, p. 59.

② 李艳玲：《美国城市更新运动与内城改造》，上海大学出版社 2004 年版，第 48 页。

③ 戴伯勋主编：《现代产业经济学》，经济管理出版社 2001 年版，第 23 页。

产业的基本组织单元——企业的空间行为研究，从微观层面为产业空间重构提供了依据，如弗兰克尔（Frenkel）通过对高新技术公司空间偏好的研究，认为企业的技术能力、生命周期、规模效益等影响着其空间选择，指出大都市对技术能力强的小企业具有强大的吸引力。[①] 来昂斯（Lyons）研究了高技术企业中的根植性、创新氛围与创新行为，指出企业与产业区的健康发展和大都市区域的健康发展紧密相关。[②] 也有学者就城市中的工业园区位的选择加以研究，指出以科学为基础的工业园已经被公认为是一种促进技术进步、经济发展和城市更新的有效方法。Chen 等以中国台湾为例进行研究，指出对政府来说，高效率并有增长潜力企业的区位选择是一个重要的议题。经过论证，"市场潜力"成为占比例最高的权重因子，紧随其后的是"技术水平"和"政府政策"。从园区的引入和发展来看，生物工业和光电子业是最有利的高技术产业。[③] 研究发现，企业的空间成本问题是企业空间行为发生变化的核心因素。另有学者将分化和整合运用到企业重组的研究中。阿朗索（Alonso）运用分化效应研究了城市空间的变化与空间模型问题。整合意味着一体化的发展。"一体化"一词源于企业之间的联合，是厂商通过协定、卡特尔、托拉斯以及其他兼并方式联合而成的产业组织，可以分为"水平一体化"和"垂直一体化"两种形式；前者指竞争性厂商之间的合并，后者则指互补性厂商之间的结合。[④]

国内对企业地理的研究是从 20 世纪 80 年代开始的。现代交通工具的出现，增强了企业进行区位选择的自由度，加快了城市地区产业重组的力度，制造业纷纷外迁到郊区，组成巨大的新型郊区工业园区。另一方面，高新技术产业在 20 世纪 90 年代以后飞速发展，它们既要依托城市智力资源的支持，又要求有良好的环境，城市郊区成为高新技术企业的必然选择。[⑤] Wu 运用 GIS 技术分析了外国直接投资企业在中国大都市内部的区

---

① Frenkel, A., "Why high - technology Firms Choose to Locate in or Near Metropolitan Areas", *Urban Studies*, No. 7, 2001, pp. 1083 - 1101.

② Ma, L. J. C., "Urban Transformation in China, 1949 - 2000: A Review and Research Agenda", *Environment and Planning A*, No. 34, 2002, pp. 1545 - 1569.

③ Chen, C. J., Huang, C. C., "A Multiple Criteria Evaluation of High - tech Industries for the Science - based Industrial Park in Taiwan", *Information & Management*, Vol. 41 No. 7, 2004, p. 123.

④ 王兴平：《中国城市新产业空间——发展机制与空间组织》，科学出版社 2005 年版，第 69 页。

⑤ Kelly, P. F., "The Local Political Economy of Labour Control in the Philippines", *Economic Geography*, 2001, Vol. 77, No. 1, 2001, p. 112.

位模型，认为外国直接投资将中国城市带进了一个多中心发展的新阶段。① 董锁成和许存茂从工业企业的功能分化与空间结构、工业部门的功能分化和空间结构两方面分析，提出空间的分化和空间结构的建立是随着工业化的深入发展及工业生产功能的多样化而逐渐形成的。②

此外，国内对国有企业的研究也是企业重组的一个主要方向。改革开放之初，有经济学家提出社会主义的“企业本位论”，认为社会主义经济的基本单位是企业。20 多年来的国有企业改革，也是按照这个思路进行的。由于长期以来政府在经济活动中起到巨大的控制作用，国有企业完全被政府支配（非国有企业地位微乎其微），我国经济地理学在一段时间内十分注重区域政策、区域规划、流域规划、生产布局等与政府角色密切相关的研究，很少关注企业在经济活动中的作用。③ 改革开放以来向市场经济转变过程中，伴随企业角色的转换逐渐显现出来，国际学术界的公司（企业）地理研究方法也开始引起经济地理学者的注意。20 世纪 90 年代以来，有一批成果问世。部分学者从不同角度对国有企业进行了调查研究，关注有关企业组织的空间联系、空间演化问题，并有学者对国有企业改革引起的区域问题进行了实证分析。

## 二　国内外就业空间的研究进展

### （一）就业空间结构

城市空间结构变动是城市发展的重要标志之一。城市空间结构变动及功能分异主要表现为城市经济活动及就业人口空间分布的变动。城市发展早期，经济活动及就业人口一般集中在城市中心区，特别是中心商务区。当发展到一定阶段，城市就会形成较明显的功能分区，城市经济活动及就业人口也开始出现由城市中心向外扩散的现象，向外扩散的人口、企业及从业劳动力在 CBD 以外适宜地区相对集聚，发展成为一些与 CBD 并存的副中心地区，从而形成城市空间的多中心结构。④ 就业空间结构是城市空间结构的一个重要方面。国外对就业空间结构的研究是近年出现的一个新的研究热点。地理学家们发现，在郊区化的不同发展阶段，就业空间结构

① Wu, F. L., “Modeling Intrametropolitan Location of Foreign Investment Firms in a Chinese City”, *Urban Studies*, No. 37, 2000, pp. 2441 - 2464.

② 董锁成、许存茂：《地域生产综合体与大西北开发》，《开发研究》1990 年第 2 期。

③ 李小建：《公司地理论》，科学出版社 2002 年版，第 118 页。

④ 钟勇：《产业结构演进机理研究》，博士学位论文，中国人民大学，2004 年，第 89 页。

也呈现出不同的特征。如加德对20世纪90年代以前多伦多的研究发现，当时的郊区化正在导致中心区和近郊区在办公地域上的质的差异，因为基于高等级的决策和服务功能，中心区已经变成了高度专业化的地区。[①] 一些都市区就业离心化在继续发展，同时一定数量的核心又集聚着就业人口，从而形成一种多核心的结构特征，这不同于以往所广泛存在的扩散形态。[②] 正是在这种背景下，西方城市学界开展了大量的有关就业空间结构的研究，有的涉及一般的高等级服务业，有的专门研究一种服务业（如计算机服务业），有的研究人口与就业之间的空间相关性，有的研究某一类型区域（如中心区就业的变化），有的甚至可称为"生产服务地理"，就业的多核心空间结构成为近年的研究热点之一。

此外，有学者还就城市空间重组对就业产生的影响做了深入研究。如城市扩散导致人口和就业岗位从城市现有地区向边缘郊区转移，并扩散到周边城镇。[③] 人口和工业企业的外流减少了当地的服务业需求，因而城市中服务业增长额也慢于其他地区。[④] 城市中企业重构也对就业产生作用，Shukla 和 Waddell 以美国达拉斯为例，分析在多中心的城市空间结构中，企业选址的潜在因素，并经分析发现，城市在诸多方面发生了相当程度的去中心化，就业也开始形成新的次中心。[⑤] 同时，就业机会的空间扩散对城市空间结构变化也产生了广泛影响，例如使居住地和工作地之间的距离增大。德维斯（De Vise）研究了芝加哥都市区的就业岗位郊区化，发现这一距离由1960年的5.5英里增至1970年的7英里，增大了快车道交通的拥挤程度，使得公共交通处于低度使用状态。[⑥] 此外，对于就业空间的不均衡状态。有学者认为，郊区不断增长的对劳动力的需求势必引起其工资上升，

---

① Gad，G.，"Office Location Dynamics in Toronto：Suburbanization and Central District Specialization"，*Urban Geography*，No. 6，1985，pp. 331 – 351.

② Coffey，W. J.，Shearmur，R. G.，"Intrametropolitan Employment Distribution in Montreal，1981 – 1996"，*Urban Geography*，No. 22，2001，pp. 106 – 129.

③ Turok，I.，Edge，N.，*The Jobs Gap in Britain's Cities：Employment Loss and Labour Market Consequences*，Bristol：The Policy Press，1999，pp. 221 – 225.

④ I. Turok：《老工业城市的复兴：格拉斯哥的经验及对中国东北的启示》，《国外城市规划》2005年第1期。

⑤ Shukla，V.，Waddell，P.，"A study of the spatial structure of Dallas – Fort worth"，*Regional Science and Urban Economics*，Vol. 21，No. 2，1991，p. 47.

⑥ De Vise，P.，"The Suburbanization of Jobs and Minority Employment"，*Economic Geography*，No. 52，1976，pp. 348 – 363.

而中心区劳力过剩则自然导致其工资下降，从长远来看，工业会重新迁回中心区以利用工资低廉的劳动力，从而增加就业机会。另一种观点认为，必须依靠政府力量鼓励工厂迁回城市中心区，政府可以采取一些措施，如劳动力的再培训、特定专业技巧的升级、对有意迁回中心区的企业发放低息贷款等。这些做法在解决就业空间不均衡状态的同时，也使城市空间发生重组。

国内学者对就业的研究多是从经济学角度出发，把就业结构作为经济结构的附属物，注重就业的产业结构角度。国内学者对就业空间结构的研究主要围绕城市内部产业的空间结构进行，以广州等研究为代表，如阎小培等围绕信息产业对广州城市地域结构的影响、广州第三产业的空间分布特征、信息服务业增长的地域类型、办公业活动的时空差异和广州市及周边地区商品房的开发与分布等，做了大量实证研究工作。

（二）就业空间分异

国外对城市就业空间分异问题的研究较早，成果颇丰。克拉克认为，生产的去中心化和劳动力空间分异是企业追求利润的结果。[①] 企业为了控制劳动力权利、加强资金权威，倾向于外化它们的劳动力市场，但是当地条件、技术需求和工会力量都可能促使劳力内在化并提高成本。通过分析，他得出结论：规模较小和相对衰落的当地劳动力市场大多定位于生产标准商品的工厂，需要劳动力特殊技能和专长的企业则更依赖于劳动力的区位喜好。因此，技术和非技术工人的空间聚集和生产集中化都不会出现在企业最感兴趣的地方，而是与不同的劳动力市场战略与劳动力的就业偏好相关。丹森（Danson）等研究了英国内、外城的就业情况，发现内城失业远比外城严重，这源于为避免经济萧条所采取的区域政策（工厂迁移），即为避免内城的高税收、高土地价格等，在外城建立的新工厂远比内城多，这导致外城就业率随之增加。[②] 格林利用研究社会地理分区的南北分区法探讨了英国各地理分区的劳动力市场差异。Marelli 调查了整个欧洲 145 个地区 1983—1997 年主要产业部门的就业分布，发现就业结构的趋同和差异共存，趋同主要表现在不同国家之间，分异则主要表

---

① Clark, G. L., "The Employment Relation and Spatial Division of Labour: A Hypothesis", *Annals of the Association of American Geographers*, Vol. 71, No. 3, 1981, pp. 375.

② Danson, M. W., Lever, W. F. and Malcolm, J. F., The Inner City Employment Problem in Great Britain, 1952 - 1976: A Shift - share Approach, *Urban Studies*, Vol. 17, No. 2, 1980, p. 489.

现在国家内部。Mizuno 等利用日本 118 个大城市的数据，证明工业区位对失业率有显著的影响，同时进一步证明制造业和建筑业的区位与大都市的失业率呈高度负相关，教育水平也与失业率呈负相关。

国内专门针对就业空间分异展开详细研究的成果尚少，主要原因在于城市经济活动及就业劳动力分布的基础数据非常有限，更缺少足够的时间系列数据，因而国内对城市经济活动及就业空间分布变动的研究尚不多见。现有研究多以人口普查数据为基本资料，仅限于从居住地角度探讨城市内部劳动力的空间分布。改革开放以来，我国大城市中心城区改造及城市化进程日益加快，城市经济活动郊区化趋势愈加明显。加之近些年来，我国已先后进行了两次基本单位普查，一些城市的基础数据重新得到整理汇总，基本能提供以工作地为基础的就业劳动力分布数据。有学者根据这些数据开始研究城市经济活动、就业空间分布及其变动情况。

（三）就业郊区化

郊区化，是一种分散型城市化，是大城市人口、就业岗位和服务业等从城区向郊区迁移的一种离心扩散过程，最早出现在西方发达国家。[①] 20 世纪 50 年代之后，发达国家的工业、商业和零售业活动、办公业和高技术产业等也先后出现空间分散化发展趋势，分别形成郊区化发展的第二、第三、第四次浪潮。就业郊区化是伴随着工业、办公等郊区化发生的。国外学者们通过调查产业发展对城市空间结构的影响，人口郊区化与就业扩散的因果关系，工业、办公业、服务业的郊迁等因素来对就业郊区化进行研究。斯坦巴克（Stanback）认为，在郊区，就业的构成变得广泛，郊区以外的通勤者数量激增，商业、消费以及社会服务的大型中心获得发展，这导致了集聚经济的发展，并对城市中心区的社会、经济结构构成挑战。[②] Coffey 和 Shearmur 的研究也发现随着集聚经济的发展，某些郊区地域的经济规模越来越大，并且越来越多样化，从而形成动力，并足以吸引那些过去由 CBD 所垄断的经济活动。[③] 很多学者都指出，在许多郊区就业中心、郊区闹市区、郊区磁力地区和边缘城市，集聚经济均在增长，而且在高级服务业布局方面与 CBD 构成了直接竞争。科菲（Coffey）多年来跟

---

① 周一星：《城镇郊区化和逆城镇化》，《城市》1995 年第 4 期。

② Stanback, T. M. J., *The New Suburbanization*, Boulder, C. O.: Westview, 1991, p. 356.

③ Coffey, W. J., Shearmur, R. G., "Intrametropolitan Employment Distribution in Montreal, 1981 - 1996", *Urban Geography*, No. 22, 2001, pp. 106 - 129.

踪研究蒙特利尔都市区高级服务业的区位及其空间变动问题，20 世纪 90 年代中期，他主要探讨基于公司和就业的都市区内部变动形式，认为高级服务业空间稳定并不扩散，而且这种现象非常明显，顾客对公司的便利性、土地花费和租金价格是形成这种局面最重要的因素。[①] 他的最新研究则探讨 1981—1996 年蒙特利尔都市区就业的扩散化问题，研究表明，在此期间分散化已使蒙特利尔拥有多核心特征，商业服务业和制造业在塑造多核心的过程中扮演重要角色。[②] 20 世纪 90 年代以后，随着新郊区化的发展以及城市多核心结构的形成，郊区闹市区、边缘城市等的崛起并与 CBD 构成直接竞争关系，从而使得北美城市就业分散化发展已经触及高级服务业，并达到高潮。此外，一些学者还通过研究，证实了郊区有其特定的劳动力市场。

国内学者对就业郊区化的研究一般是在研究人口和工业郊区化的过程中涉及就业问题。有学者认为，人口郊区化既是就业分散化的原因，又是就业分散化的结果。另一种观点认为，就业郊迁是继人口郊区化之后的结果。还有学者研究郊区化，认为一些家庭追随企业外迁而迁居郊区，工业外迁进而影响就业人口的外迁。此外，还有学者通过对城市社会空间结构的研究指出，城市人口—产业的空间流动形式，将是各类以居住地为核心的社会—生活空间的类型化。[③]

## 第二节　产业转型与就业空间研究的理论基础

### 一　产业转型研究相关理论

#### （一）产业结构理论

##### 1. 产业结构演进理论

产业结构演进是指区域产业结构系统依据经济发展的历史和逻辑序列，遵循产业结构演进规律，不断从低级向高级转换及推进的过程。当科

---

① Coffey, W. J. et al., "The Intrametopolitan Location of High Order Services: Patterns, Factors and Mobility in Montreal", *The Journal of Regional Science Association International*, No. 75, 1996, pp. 293 - 323.

② Coffey, W. J., Shearmur, R. G., "Aggomeration and Dispersion of High - order Service Employment in the Monstreal Metropolitan Region, 1981 - 1996", *Urban Studies*, No. 39, 2002, pp. 359 - 378.

③ 王兴中主编：《中国城市社会空间结构研究》，科学出版社 2000 年版，第 125 页。

学技术发展和社会需求发生变化时，引起产业之间的不平衡增长，这种不平衡增长导致产业间数量比例发生改变，从而产业间相对地位以及相互关联方式随之发生变化，数量比例的变化达到一定程度，产业结构就会发生质的转变。可以说，产业结构演进是不断地从量变到质变，而后在新质的基础上发生新的量变。产业结构的质变，表现为新的主导产业（群）取代了旧的主导产业（群），新的产业关联方式和数量比例形成，从而使产业结构进入一个新的更高的层次水平。从量变到质变的不断螺旋式上升的过程，就是产业结构的演进过程。

从经济发展历史看，产业结构的演进是有一定规律的：产业结构作为以往经济增长的结果和未来经济增长的基础，成为经济发展的根本因素。产业结构这种经济现象是与经济发展相对应而不断变动的，它的变动主要表现为产业结构高级化趋势，即产业结构从低级向高级演进。同时，它又要求在产业结构合理化基础上，即产业间保持协调的情况下，不断地推动经济增长。

早在 17 世纪，英国古典经济学家威廉·配第就发现商业、工业利润都高于农业。他认为，随着社会经济的发展，第一产业所占比重不断下降，第二、第三产业所占比重不断增加，劳动力逐渐从第一产业向第二、第三产业转移。1940 年，克拉克在《经济增长的格局》一书中，进一步论证了这个趋势。世界各国的发展也证明了这一趋势。美国经济学家西蒙·库兹涅茨在继承克拉克的研究成果基础上，对产业结构变动与经济发展关系进行了比较彻底的考察，揭示出随着人均收入的提高而产生的产业重心转移过程，以及三次产业产值变动与就业构成的相关变化。而刘易斯提出的二元经济理论结论与库兹涅茨结构变动理论相似。二者区别在于：刘易斯重在理论，库兹涅茨重在实用。刘易斯的二元经济模型强调经济发展一定要由资源从低效率部门向高效率部门转移，从而实现产业结构转换（升级），带动经济增长。① 钱纳里运用库兹涅茨的统计归纳法，得到标准产业结构及其改进以后的模型，对产业结构变动过程中大量相互关联的情形有了进一步揭示，并描述不同类型国家产业结构变动过程中的特征及差异性，大大深化了对产业结构变动及一般趋势的认识。

---

① Lyons, D., "Embeddedness, Milieu, and Innovation among High - technology Firms: A Richardson, Texas, Case Study", *Environment and Planning A*, No. 32, 2000, pp. 891 - 908.

对于工业部门内部结构变动规律，德国经济学家霍夫曼对工业化（实际是重工业化）问题进行了开创性研究。他提出的工业化阶段理论被称为“工业化经验法则”。他认为，工业化过程中各工业部门的成长率并不相同，因而形成了工业部门特定的结构变化，并且具有一般倾向。日本经济学家盐田佑一利用产业关联理论，对霍夫曼工业化法则重新论证，得出了更加科学更加接近实际的结论。钱纳里根据标准产业结构模式深入考察了制造业内部结构变动的规律性，还根据经济发展的长期过程考察了制造业内部各产业部门的地位、作用的变化，为了解工业部门结构变动趋势奠定了基础。

纵观产业结构演进过程，发展变化在不同层面仍然呈现以下规律：随着经济的不断发展，产业结构总是会由“一、二、三”格局向“二、一、三”和“二、三、一”的格局演变，并最终形成“三、二、一”格局。在三次产业中，第二产业虽然可以极大促进国民收入的提高，但其对劳动力的吸纳能力随着科技的进步在逐渐减弱；第三产业对国民收入的提高所起的促进作用虽然不如第二产业，但其对劳动力的吸纳能力却是相当强的。从主导产业的转换过程看，产业结构的发展过程也是以农业为主导、轻纺工业为主导、原材料工业和燃料动力工业等基础工业为重心的重化工业为主导，低度加工型的工业为主导、高度加工组装型工业为主导、第三产业为主导，信息产业为主导等几个发展阶段。从资源结构变动情况来看，产业结构沿着劳动密集型产业—资本密集型产业—知识密集和技术密集型产业方向发展。可以说，产业结构演进的过程也就是经济发展的过程。配第—克拉克定理、霍夫曼定理以及库兹涅茨、钱纳里等经济学家的研究成果都证实：一定的人均国民收入水平是与一定的产业结构乃至工业结构相对应的，它们之间存在着密切的相关关系。无论是产业结构还是工业结构，在经济发展中都表现出一种“高附加价值化”的趋势。世界各国经济发展的历史经验表明，伴随着国民收入水平的提高和经济的发展，产业结构将发生相应的变化，产业结构的重心沿着农业—轻工业—基础工业—重加工工业—轻重结合高技术加工业—现代服务业的顺序演变。

2. 产业结构调整理论

产业结构调整就是产业间重大比例关系和产业地位的变换。进一步说，产业结构调整是指在一定经济发展条件下，依照产业结构演进规律和产业发展内在要求，通过制度创新和技术创新等措施，促进产业的结构层次、发展水平的提高，保障国民经济长期持续增长的一种经济活动。[①] 产业结构调整是一个动态过程，不同经济发展条件下产业结构调整的具体内涵也不相同，但一般而言，它是产业结构优化，即产业结构合理化、高度化及高效化的过程。

产业结构合理化是指在一定经济发展阶段和相关约束条件下，产业之间必须按比例协调发展。即具有投入产出联系的各产业之间要有协调的供需关系，具有相互带动关系的各产业之间要能够形成良好的互相促进关系。产业结构合理化主要表现为四个方面：一是产业的素质之间协调，各产业之间不存在技术水平断层，不存在劳动生产率的强烈反差；二是产业之间相对地位协调，在一定发展阶段上，各个产业因不同的增长速度而处于不同地位，形成主次有序、轻重有别的排列组合，具有比较丰富的层次性；三是产业之间联系方式协调，通过它们之间存在的生产技术经济联系，发生相互依赖、相互服务、相互促进的关系；四是达到结构效益最大化，即在投入品与中间产品之间、中间产品与最终产品之间、最终产品与用户消费之间，保持动态和谐的比例关系，并使产业结构在合理化的同时具有向高度化发展的能力。[②]

产业结构高度化，是指产业结构从低水平状态向高水平状态的演变过程，即产业升级过程或产业结构水平的提高过程。具体来说，是指技术水平较高的产业群不断取代技术水平较低的产业群而居主导和支柱产业的过程，或者说是不断出现对技术要求高的主导产业群和支柱产业群。[③] 产业结构高度化过程就是产业发展中高加工度、高附加值、高技术含量和高知识含量比重不断提高的过程，在这一过程中提高产业技术创新能力和增加产业知识含量，就构成了结构高度化的基本动力。[④] 产业结构高度化一般包括：高加工化，即工业发展逐步摆脱对原材料的依赖而转向主要依靠技术设备手段；知识技术密集化，即工业发展进一步摆脱对资本的依赖而转向依靠知识技术手段；产业结构软性化，即产业发展更进一步摆脱物质生产过程而转向全面服务化。鉴于产业按其发展时间可以划分为传统产业和

---

① 何维达主编：《WTO 与中国产业升级》，中国统计出版社 2000 年版，第 48 页。

② 黄寰：《论自主创新与区域产业结构优化升级》，博士学位论文，四川大学，2006 年，第 34 页。

③ 刘建其：《经济体制与产业结构》，博士学位论文，厦门大学，2003 年，第 15 页。

④ 周一星、孟延春：《中国大城市的郊区化趋势》，《城市规划汇刊》1998 年第 3 期。

高新技术产业两大类，因此，结构高度化的过程也就是高新技术的产业化过程和传统产业的高新技术化过程，而这必须在结构协调化基础上才能有效实施。

产业结构高效化，指的是各个产业和整个产业结构的经济效益都趋于提高的过程，主要表现为由低生产率、低技术含量、劳动密集型行业向高生产率、技术密集和资本密集型行业演进过程。这是一个动态过程，既没有起点，也没有终点，因为产业之间效率的差别总是存在的，当原有低效率产业缩小甚至消失之后，还会出现新的低效率产业，又需要通过存量调整，使社会资源由低效产业向高效产业转移。产业结构高效化可以理解为两个过程：低效率产业比重降低和高效率产业比重增大的过程；低技术产业比重不断降低和高技术产业比重不断提高的过程。

产业结构高效化与产业结构高度化既有联系又有区别。一般而言，产业结构高效化是以产业结构高度化为前提的，产业结构高度化也会产生产业结构高效化。产业结构成长过程既是产业效率不断提高，产业结构高效化过程，也是产业结构不断升级、不断趋于合理，产业结构高度化过程。

### （二）产业空间理论

#### 1. 产业结构空间分布理论

产业发展的空间效应与主导产业的性质相关，主导产业的性质变动直接推动经济空间变化。农业因其必须借助土地生产力，呈现出来的是分散的空间布局；工业的发展对土地生产力的局限有所缓解，然而运输成本与规模经济是企业必须考虑的因素，因而聚集是工业经济的特征；在新经济时代，服务业使信息与知识等无形生产因素成为生产的关键因素，从而决定了经济的空间特征。因此，三次产业结构直接决定着城市空间的分配、结构和布局，影响城市景观。①

产业结构空间分布，是指产业结构中的各产业部门在地理空间中的分布状态。简单地说，就是专业化生产要素在空间中寻求最优结合的地点。生产分工的结果形成了专业化的生产部门，每个部门都是一个相对独立的生产体系，彼此可以相互分离，从而为产业结构突破劳动个体的限制，在空间中的展开提供了可能。② 一个专业化生产放在不同的地点进行就会产

① 向德平：《城市社会学》，武汉大学出版社 2002 年版，第 78 页。

② 钟勇：《产业结构演进机理研究》，博士学位论文，中国人民大学，2004 年，第 18 页。

生不同的收益，因而分工专业化收益的最终实现结果与人们选择专业化生产的地点有关。追求利益最大化的人们会在综合考虑各种因素之后，寻找最适合的地点，将专业化生产所需的各种生产要素集中起来，进行生产，从而形成生产要素在空间上的最优结合。各专业化生产部门在适合自己的最优地点进行生产，从宏观整体上看，就表现为产业结构的空间分布。

对产业结构空间分布理论的研究，从最早的杜能农业布局理论、韦伯的工业区位理论，到第二次世界大战后，以胡佛和赖利等为代表的以生产成本最低为准则的成本学派，以谢费尔、克里斯塔勒和廖什等为代表的充分考虑市场的市场学派，以及在前两派基础上形成的以艾萨德、俄林和弗农等为代表的综合考虑成本和市场因素的成本市场学派。此外，还有行为学派和社会学派等，它们把人的主观态度及其所决定的行为以及各种社会因素都纳入考虑选择生产地点的范畴。这些研究表明，生产要素的最优结合是一个非常复杂的问题，涉及众多因素。随着分工和产业结构的发展，最优区位也会发生相应变化。例如，随着产业系统地域范围的不断扩大，专业化生产可能发现更适合的生产地点，从而发生产业的转移。此外，由于技术进步、市场变化、基础设施条件改善等原因，使城市产业结构不断发展和优化升级，产业始终处于新陈代谢之中。城市产业的变动不仅包括产品、组织、技术结构的调整，同时也包括其空间布局的调整与优化。老的产业空间的改造与转移、新的产业空间的形成与布局，必须适应城市产业结构升级优化的需要，必须充分发挥城市土地的级差效益，必须考虑是否有利于城市环境的改善。①

2. 产业集聚理论

产业集聚是现代产业经济活动在空间结构上表现出来的一种基本趋势，这种现象出现于工业化时期。产业集聚是在既竞争又合作的特定领域内彼此关联的公司、专业化供应商、服务供应商和相关产业的企业以及政府和其他机构（如大学、规则制定机构、智囊团、职业培训机构以及行业协会）的地理聚集体。② 著名经济学家马歇尔早在19世纪末就提出了类似的概念。他认为，同一产业的企业会因为各种原因而集中于特定地

① 顾朝林：《概念规划——理论、方法、实例》，中国建筑工业出版社2005年版，第143页。

② 甄峰、顾朝林、沈建法：《改革开放以来广东省空间极化研究》，《地理科学》2000年第5期。

区，从而有利于技能、信息、技术、技术诀窍和新思想在群集的企业之间传播与应用。克鲁格曼把马歇尔关于产业集聚的分析归结为专业化供应商队伍形成、劳动力市场共享和知识外溢三个因素。沿袭马歇尔的分析，在新国际劳动分工条件下，克鲁格曼用路径依赖、收益递增、规模经济与不完全竞争解释产业集聚的原因。① 后来随着新产业区的成功发展，使产业集聚成为经济学家们所关注的一个重要经济现象。新产业区理论从经济相对于社会文化的根植性、弹性生产累积与生产分工细化说明产业集聚的产生原因。它主要侧重从地方宏观文化环境说明产业集聚的空间定位。如卡斯特尔斯把高新技术产业的区位原因归结为接近一流科研水平的大学，发达的金融企业网提供风险投资，便捷的交通设施和宜人的自然环境。② 新产业区理论认为，地理接近既有利于企业间频繁交易，也有利于企业合理的内部分化。在一些要求高度专业化的产业里，聚集成为一种产业发展的先决条件，高新技术产业和金融服务业就属于这一类产业。③

企业与相关实体在空间上的临近与聚集以及它们之间的互动是产业集聚最根本和最本质的特征。正是这种空间上的邻近与聚集以及互动使得资源配置机制发生了变化。在集聚现象中，企业的资源配置不仅与其内部机制相关，更强调其外部直接的商业环境，如专业化基础设施、供应商及邻近大学和研究机构等在资源配置中的作用，正是这种空间上的临近与互动使得产业集聚会导致产业竞争优势。④ 若干企业和机构在特定地域所形成的产业空间集聚现象，实际上包括几种情况：一是由产业横向关联而形成的产业集群，即同一产业（按标准产业分类法划分）内的企业以及与之关联度较高的其他产业的企业在空间上的集中分布；二是由产业纵向关联而形成的产业集聚，即相互独立的不同的产业部门之间由于存在着上下游关系而形成的一种合理的分工和协作状态；三是由区位优势指向形成的产业集聚，这类集群通常是由同一产业或不同产业的众多中小企业组成，它们充分利用区位优势，如廉价劳动力集中地、信息和技术发达地、产业的

① Rotmans, J., "Transitions & Transition Management for Sustainable Development", *International Centre for Integrative Studies* (ICIS B V), Maastricht, December 2000, p. 367.

② Manuel Castells, Peter Hall, *Technopoles of The World*, London: Routlege, 1994, p. 341.

③ Scott, A. J., "Industrialization and Urbanization: A Geographical Agenda", *Annals of the Association of American Geographers*, Vol. 76, No. 1, 1986, p. 235.

④ 蒋瑛：《高技术产业的空间集聚研究》，博士学位论文，四川大学，2003年，第29页。

主要市场地等，形成各类专业化的小型产业集群。

（三）产业组织理论

产业组织是指产业内的企业组织构成及其重组和创新[①]，其目的旨在实现资源配置的合理化。可以说，产业组织是培养某产业的资源在不同规模企业之间的再配置，其基本任务就是如何构建有效的企业规模结构，以兼得规模效应与竞争活力。[②] 产业组织研究的内容包括四个方面：产业组织演进，产业组织运行，产业组织规模和产业组织政策；产业组织演进是指产业组织的产生、发展、相互取代和相互渗透以及重组、合并、分裂、衰退和消亡过程；产业组织运行是指产业内部生产要素的组合与重组过程；产业组织规模是指从某一产业总体角度看，本产业中的企业应当以多大规模为佳；产业组织政策是指处理同一产业内部各企业间相互关系的政策，主要是有关市场秩序的政策，尤其是处理竞争与垄断的关系、规模经济与垄断的关系政策。[③]

产业组织理论认为，产业内大、中、小不同规模的企业在数量和产值方面所占的比例关系、动态联结方式和在生产中的分工协作等配合关系，既是影响产业本身发展的重要因素，也是体现国民经济整体素质和国际竞争力水平的重要标志。[④] 全面地刻画特定的产业组织，必须引进两个基本变量，即产业集中度和产业关联度。产业组织就是作为产业集中度和产业关联度二元变量的函数，随着这两个变量的不同变化和多样化组织，构成了纷繁复杂的具体形态。[⑤] 产业组织结构是指产业体系中的企业组织形态以及企业之间的结构与关系，包括一定产业内部大、中、小企业的规模及结构，不同企业（或产业）之间的关系以及规定这些关系的各种因素。[⑥] 在经济发展中，产业组织一般朝着两个方向发展。一是生产趋向集中化，

---

① 理查德·施马伦西：《产业组织》，载《新帕尔格雷夫经济学大辞典》（III），经济科学出版社 1996 年版，第 45 页。

② 王兴平：《中国城市新产业空间——发展机制与空间组织》，科学出版社 2005 年版，第 35 页。

③ 胡进祥：《产业组织简论》，《经济与管理研究》1991 年第 1 期。

④ Koeber, C., Wright, D. W., "Wage Bias in Worker Displacement: how Industrial Structure Shapes the Job Loss and Earnings Decline of Older American Workers", *Journal of Socio - Economics*, No. 30, 2001, pp. 343 - 352.

⑤ 任宗哲：《城市功能和城市产业结构关系探析》，《电子科技大学学报》（社会科学版）2000 年第 2 期。

⑥ 戚聿东：《我国产业组织研究观点综述》，《北京经济瞭望》1995 年第 1 期。

即生产要素越来越集中于专业化大型企业集团；二是生产趋向分散化，即生产要素在市场竞争机制下向中、小型企业扩散。这两种趋势在市场机制作用下形成分工协作的大、中、小型企业组织并存。产业组织理论认为，想要促进整个产业链的发展，分层次、有效地带动大批中、小企业有序地进入市场，实现整体合力扩张，适应市场竞争，必须使产业组织结构优化，即通过调整和改善企业规模、企业规模结构、企业间市场关系、企业所有制形式、产业组织的区域空间分布等，维护市场竞争秩序，推进产业技术进步，提高产业竞争力，来充分、合理、有效地组织生产要素，实现资源的有效利用和合理配置。

### （四）产业生态理论

产业生态学主要是指人们从生态学角度模拟自然生态系统，并按照物质循环和能量流动的规律重构产业系统。① 宏观上，产业生态学是国家产业政策的重要理论依据，即围绕产业发展，将生态学理论与原则融入国家法律、社会和经济发展，以促进国家及全球生态产业的发展；中观上，它是企业生态能力建设的主要途径和方法；微观上，它是具体产品、工艺的生态评价与生态设计方法。② 产业生态理论着眼于生态系统的可持续发展，揭示企业物流能流的新陈代谢、产品生命周期及产业兴衰更迭的规律；研究产业的资源开发和环境影响对生命保障系统的胁迫及其响应机制；探讨人类生产、消费活动与周围自然、社会、经济和环境的关系；模拟物质生产单元、环节或体系之间在时间、空间、数量、结构和序理层次上的生态工艺设计和生态系统的耦合过程。在产业转型过程中，产业生态理论将为城乡产业转型、企业重组、产品重构提供方法论基础和新的生长点，促进国企和乡镇企业的转轨升级，增加就业岗位，从根本上扭转产业发展中环境污染的被动局面，为全球环境变化、生态产品推广和生态企业孵化提供科学方法、决策依据和信息支持。同时，生态产业作为产业未来升级、转型的主要方向，必然需要有一个交叉的、边缘的学科体系作为支撑。基于系统观、整体观、未来观、全球观的产业生态学，能够对产业的转型和升级进行科学指导，以便顺利实现产业生态化目标。

在产业生态学理论中，值得一提的是产业生态管理方法。产业生态系

---

① 王如松：《产业生态学与生态产业研究进展》，《城市环境与城市生态》2001 年第 1 期。

② 杨建新、王如松：《产业生态学基本理论探讨》，《城市环境与城市生态》1998 年第 2 期。

统是社会—经济—自然复合生态系统，产业生态管理就是运用生态学、经济学和社会学等学科原理、系统工程手段和现代科学技术来管理人类行为对环境的影响，力求平衡社会经济发展与生态环境保护之间的矛盾关系，最终实现经济、社会和生态环境的协调可持续发展。① 产业生态管理是以生态学理论观点研究工业生产全过程，研究生产中的资源、产品及废物的代谢规律和耦合调控方法，探讨促进资源的有效利用和环境正面影响的管理手段。② 产业生态管理的实质是变环境投入为生态产出，将生态资产转化为经济资产，将生态基础设施转化为生产基础设施，将生态服务功能转化为社会服务功能。产业生态管理方法包括面向产品环境管理的生命周期评价方法、面向绿色产品开发的产品生态设计方法、面向区域规划的生态产业园区规划方法、面向生态产业开发的生态产业孵化方法和面向可持续发展的生态管理方法。③ 产业转型强调整体性和系统性，要求各系统内各组成部分间相互联系、相互依存、互利共生，谋求社会经济系统和自然生态系统协调、稳定、持续发展。各种自然生态因素、技术物理因素和社会文化因素耦合而成的产业生态管理，可以将产业转型过程中的物质代谢过程、信息反馈过程和生态演替过程有机结合起来，控制自然调节、经济生产和社会生活的功能和活力，确保其健康运行。

（五）创新理论

熊彼特最早提出，创新是经济发展中不可或缺的重要因素，生产要素在创新过程中实现优化组合，经济就会不断发展。熊彼特把创新概括为五个方面的含义，即引进新技术、引入新产品、开拓新市场、获得新原料、创造新管理机制。而多数学者将创新聚焦于新产品的引入和新技术的开发，因为它们是创新作用于经济最突出的方面。所以聚焦于这两个方面，主要依据它们对经济和社会作用的差异。通常认为，新产品的引入，在收入和就业增长方面有一个肯定的效果。而新技术的引进导致生产过程的变

---

① 潘祥武、张德贤、王琪：《生态管理：传统项目管理应对挑战的新选择》，《管理现代化》2002 年第 5 期。

② 王如松：《资源、环境与产业转型的复合生态管理》，《系统工程理论与实践》2003 年第 2 期。

③ 林云莲：《产业生态管理：一种可持续发展的管理新范式》，《科学管理研究》2006 年第 1 期。

革，主要因为成本削减，可能导致的结果并不明确。① 在熊彼特创新理论中，创新是经济增长和发展的“主发动机”。创新导致经济增长与发展，由创新的周期性决定了经济增长与发展的周期性循环。继熊彼特之后，西方经济学有关创新的理论基本上沿着两条主线展开：一条主线是以新增长理论为基础的“内生技术论”，另一条主线是以新制度经济学为基础的“制度决定论”，即技术创新与制度创新论。

在经济发展中，创新起着至关重要的作用。“根本的”创新塑造了大的变化，而“渐进的”创新则充满在持续变化的过程中。创新理论包括技术创新、制度创新、文化创新等方面。技术创新是将新的技术思想成功运用到制度中（商业和管理方面），并由此改善经济状况；制度创新是强调制度安排和制度环境对经济发展的重要性，研究制度要素与企业技术创新和经济效益之间的关系；文化创新是从微观角度探究企业如何提高自身素质、发展潜力和竞争力，在文化观念、价值观念、道德规范、行为监测、文化环境等方面进行的创新活动。无论基于哪个方面，创新都是一个持续过程，是不断破坏旧的结构和创造新的结构的过程，是在生产过程中累加的变化的效应。按照欧洲委员会的观点，创新是产品、服务和相关市场的更新与其范围拓展的过程，同时是确立生产、供给和销售新方法的过程，也是管理、工作组织、工作条件和工人技能改变的过程。在产业转型过程中，由于农业、能源、水、交通、健康等方面不断出现新问题和新变化，社会复杂性日益增加，这就要求我们必须用创新的方式去思考和行动，去挖掘新出现问题的本质，并找到解决办法，用一种新的管理方式去驾驭这种复杂性。产业转型的实现，是系统的革新。在这个过程中，产业系统和社会文化等系统在不同层面上发生改变，并通过转换相互促进，使转型得以实现。因此，创新理论在产业转型过程中既体现在不同层面、不同系统间所进行的改变和创新，同时创新也贯穿整个产业转型的过程，人们会适应这种新的生产和消费模式，进而使系统创新得到进一步加强。

## 二　就业空间研究的相关理论

### （一）劳动空间分工理论

“劳动空间分工”一词最早由英国人文地理学家朵琳·麦茜于 1979

① Fagerberg Jan, *The Oxford Handbook of Innovation*, Oxford University Press, Oxford, New York, 2004, p. 67.

年提出。面对当时英国产业结构和区域发展的一系列变化，她试图利用劳动空间分工来解释区域之间的不平衡发展问题。在麦茜开创性研究基础上，其后许多学者对劳动空间分工进行了研究。总体来看，20 世纪 70 年代以来国外学者对于劳动空间分工的研究主要表现在三个方面：结构主义取向、工业—城市区位论、新国际劳动分工。

劳动空间分工，是一个与经济学分工概念相对应的地理学术语，可以理解为劳动分工在演进过程中将空间作为生产变量，从而呈现出的人文—经济地理现象。[①] 当劳动过程在空间出现集中或分离时，劳动空间分工现象也就应运而生。按照出现的先后顺序，可以把劳动空间分工分为两种类型：部门空间分工和产品内空间分工。[②]

部门空间分工是传统的劳动空间分工形式，其劳动过程主要是狭义上的。由于第二次世界大战前生产技术和运输条件的限制，导致企业总成本中生产成本占绝大部分比重。同时，当时企业分工相对简单，工厂制下的企业组织结构也不复杂，所以工序交易成本和管理交易成本非常低，几乎可以忽略不计。因此，对部门空间分工起决定性作用的地理要素主要是原料、市场、运输、劳动力等一般性因素。企业往往根据其产品的特性而选择邻近原料地或市场。传统区位论在不解释交易成本的情况下仍然能够较好地解释工业选址。此时劳动过程的空间意义在于企业形成专业化协作，特定产业的企业走向集聚，即从空间分散到空间集聚。

第二次世界大战之后，交通运输和信息通信技术的进步降低了生产成本和流通时间，经济全球化的快速发展也促使市场规模不断扩张。同时，标准化和自动化的形式使得生产系统的组成部分可以分离。在这种情况下，公司组织形式很快由单厂企业变成多厂公司。此时的劳动过程细化为不同的环节，它们都有着各自的空间属性。围绕特定产品和服务生产过程的不同工序以及相关的管理、研发活动，劳动过程空间分离现象明显，形成产品内空间分工，出现由空间集聚到空间分离的反向过程。

不同产业、不同工序的空间指向性差别很大，促使不同企业在产品和劳动过程的特性不同，因而所采取的劳动空间分工形式也不同，导致城市

---

① 石崧：《从劳动空间分工到大都市区空间组织》，博士学位论文，华东师范大学，2005 年，第 58 页。

② 张洛锋：《劳动空间分工与城市群空间重组》，硕士学位论文，华东师范大学，2006 年，第 78 页。

内部劳动空间分工差异。在城市内部，受现代技术影响，劳动力的技能和技术水平、职业结构在空间上形成明显差异。由于生产过程的地域分离、劳动力市场的分割等，造成工业区技术工人技能水平的日益低下和管理、决策阶层向大城市和特大城市“市中区”的集中。传统工业城市环境衰退，失业率升高。城市内城区的产业结构发生了巨大变化。一些产业为了摆脱困境，试图寻求环境适宜的区位，因而出现了郊区化和边缘化现象。在这一转化过程中，土地、劳动力和交通运输成本变化是一方面的影响因素，更重要的还是城市生产空间本身生产社会关系的变化和发展，特别是由此导致的不同产业、生产的分散和重新集中的需要及影响。生产和产业区位的空间转移、调整是新的国际、地区政治经济环境下的劳动空间分工过程。将经济学中的分工理论纳入地理学的劳动空间分工理论，为我国向市场经济转轨下的城市内部新的劳动空间分工研究提供可供参考的思路和方法。

（二）劳动力管制理论

管制理论来源于经济学。管制就其本质而言，是指市场经济条件下，政府干预经济的一种行为。地方劳动力市场可以被视为一个管制（社会管制和政治经济治理）空间。在这个空间里，地方的和非地方的（国家的和国际的）社会规则、规范、传统、法律结构和政府管理体系相互交织在一起，塑造和限制着工人和雇主的行为。① 所谓地方劳动力市场，从字面上讲，是地方雇主寻找劳动力和劳动力寻找工作机会的场所和空间。相对于具有较强空间流动性的资本而言，地方劳动力具有空间上的稳定性，即地方劳动力市场的空间范围受到上下班通勤的物质成本和心理成本的限制。本地属性是劳动力市场区别于其他生产要素市场的根本因素之一。劳动力市场又具有社会嵌入性，即政府、地方的各种制度、政策、规则的作用明显体现在地方劳动力市场上。另外，地方劳动力市场具有空间差异性。首先是市场效率的差异；其次是地方劳动力市场内部的分化，即不同的劳动力群体有着不同的技能水平、通勤方式以及居住地的隶属程度。因此，劳动力市场是一个具有空间差异性的地理区域和一个社会嵌入性的制度空间。② 劳动力市场中存在的各种组织和管制制度会干预正常市

---

① 叶奇、刘卫东：《西方经济地理学对劳动力问题的研究进展》，《地理学报》2004 年第59期。

② 同上。

场过程，从而造成劳动力市场出现问题。解决的办法是尽可能解除管制和保证信息充分流动，使市场透明化。

劳动力管制理论从这一视角出发，重点关注地方和非地方的、正式和非正式的各种规则、制度之间如何相互作用，并最终怎样影响地方的就业、工资水平和福利状况。劳动力管制内容包括最低工资、工作条件、雇佣谈判（集体谈判）、员工权益、雇主权益、就业保障（失业赔偿和保险）、福利等。① 地方劳动力管制制度可以从五种不同的空间尺度来研究，即个体、工厂、开发区、国家以及跨国劳动力流动。同时，下列行为主体对地方劳动力管制的形成有着重要影响，包括国家机构、劳工组织、省政府、市政府、乡村/社区领导、招募机构、开发区管理者、公司投资者、工厂工人。他们的共同作用，形成了各具特色的地方劳动力市场制度。研究地方劳动力管制，需要考虑地方差异性及所属产业、企业制度和文化，以及文化演进的历史过程对于研究对象的影响。

在全球化的资本流动和地方经济重构作用下，劳动力市场正在经历快速的变化，而这种变化深刻影响地区的就业、工资和福利状况的地理格局。中华人民共和国成立以来，随着经济的发展和计划经济体制下劳动就业体制的确立，我国基本上解决了旧中国遗留的失业问题，劳动就业人口的绝对规模不断扩大，成为世界上最大的劳动力资源国。改革开放以后，随着传统计划经济体制向社会主义市场经济体制转型，中国经济发展开始了由粗放型模式转向集约型模式。与此同时，就业管理体制的改革不断深化，市场竞争的加剧以及国有企业经营的恶化，使劳动就业发生了根本性变化。近年来，在市场经济体制下推行市场化的自由择业、竞争上岗和合同化等一系列劳动就业政策，使城镇的完全失业者和不完全就业者迅速增长。因此，劳动力管制理论为研究市场经济转型过程中的中国劳动力市场的不同空间尺度提供了理论工具。

### （三）就业弹性理论

经济增长的就业弹性，简称就业弹性，通常被用来考量经济增长与就业的相互关系。就业弹性表示某一行业就业量的变化对产值变化的灵敏度，用来反映某一行业在发展过程中对劳动力的吸纳程度，即该行业的产

① 余东华：《制度变迁中的所有制改革与产业组织演进》，《山东大学学报》2006 年第 1 期。

值每变动百分之一，劳动力相应变动的百分比。[①] 就业弹性越大，单位经济增长带动就业增长的水平越高，依靠经济增长拉动就业的作用就越明显。就业弹性水平越低，单位经济增长带动就业增长的水平越低，即使经济保持高速增长，也不会对就业有较强的拉动。此时，依靠经济增长解决就业就不会产生明显效果。而当就业弹性小于零时，在这种情况下，说明经济增长对就业不具有拉动作用；相反，还排斥就业。经济增长的源泉是资本、劳动与技术进步，经济增长对就业弹性的影响可以从三个方面加以阐述。

1. 技术进步对就业弹性的影响

技术进步可以提高劳动生产率、改变经济增长模式，从而影响经济增长率，进而影响经济增长的就业弹性。技术进步对就业弹性的影响来自两个相反方面。一是技术进步直接导致就业弹性系数下降。技术进步直接促进劳动生产效率提高，产生“机器排挤工人”现象，技术进步在经济增长中的贡献越来越大；技术进步造成劳动生产率的持续提高，使得创造单位 GDP 所投入的劳动相对减少，因而 GDP 增长的就业弹性系数不可避免会趋于下降。另一方面，技术进步间接引起就业弹性系数提高。因为技术进步对于被新技术替代的传统产业或产品具有“毁灭性”效应，同时更具有“创造性”效应，使得新兴产业层出不穷，并且，技术进步还使得产品生产环节增加和劳动分工细化，就业岗位被更多地创造出来。这样，就会间接地增大就业弹性系数。技术进步对就业弹性的影响，从长期来看，“创造性”效应占据支配地位，有利于就业弹性偏向增大；而在短期内，“毁灭性”效应更大一些，可能暂时造成就业弹性降低，失业现象增加。

2. 产业结构演变对就业弹性的影响

产业结构演变对就业弹性的影响表现在：由于不同产业或行业的技术构成不同，所使用的资本和劳动的密集程度存在一定差别，因此，各个行业产出增长的就业弹性系数相差就比较大。如果在经济增长过程中，产业结构变动较快，那么就要带来对整个经济增长的就业弹性的直接影响。在一般情况下，劳动密集型的产业和行业就业弹性系数较高，其增加值的增

① 梁湄：《我国经济增长与就业关系的实证研究》，硕士学位论文，重庆师范大学，2006年，第83页。

长速度超过GDP的增长速度，使其在GDP中的比重上升，这些行业在产业结构中的就业比重就会提高，GDP的就业弹性系数就会增大，导致社会的就业需求增加，失业率下降。反之，则会出现相悖的结果。为了分析产业结构与就业结构的平衡性，引用结构偏离度指标。结构偏离度是指各产业的增加值比重和就业比重之比与1的差。结构偏离度绝对值越大，表明产业结构与就业结构越失衡；结构偏离度的绝对值越小，表明产业结构与就业结构越平衡；结构偏离度趋于零时，表明产业结构与就业结构处于均衡状态。① 结构偏离度为正值，表明产业增加值份额大于就业结构份额，是由于劳动生产率的提高而造成的不平衡；结构偏离度为负值，表明产业增加值份额小于就业结构份额，是由于劳动生产率的低下而造成的不平衡。②

3. *劳动力市场对就业弹性的影响*

伴随新制度经济学的兴起，许多劳动力经济学家基于对美国的实证观察，批判地继承了劳动力市场古典模型，并将新制度经济学中有关制度、政府管制等视角引入劳动力市场研究当中，形成了劳动力市场分割理论。分割理论强调劳动力市场的分割属性，强调制度和社会性因素对劳动报酬和就业的重要影响。分割意味着劳动力市场被划分为稳定的群体，而这些群体具有各自永久性的特征，该理论解释为什么不同的工人类别（种族、性别、职业、国籍、教育程度和家庭出身）在劳动力市场中的表现不同。③

其中，最具影响力的是出现于20世纪60年代末帕雷提出的二元理论。二元理论认为，存在两种类型的劳动力市场，即一级市场和二级市场（或主要部分和次要部分）。④ 一级劳动力市场就业具有以下特征：工资较高，工作条件优越，就业稳定，作业的管理过程规范，升迁机会多，工人经常有职业培训的机会；相比较而言，二级劳动力市场的特点是工资较

---

① 王晓君：《济南市产业结构与就业结构相关性的实证分析》，《济南大学学报》2005年第3期。

② 王芳：《江西产业结构与就业结构的相关性研究》，《统计观察》2004年第1期。

③ Carnoy, M., Rumberger, R. W., "Segmentation in the US Labor Market: Its Effects on the Mobility and Earnings of Whites and Blacks", *Cambridge Journal of Economics*, No. 4, 1980, pp. 117-132.

④ Edwards, R., Reich, M., Gordon, D. M. (eds.) *Labor Market Segmentation*, Lexington, Mass: D. C. Health & Co., 1975, p. 37.

低，工作条件差，工作不稳定，晋升机会很少，二级市场就业者多为穷人。一级市场主要是产品有着稳定需求的行业，如军工、飞机制造业和汽车业；二级市场往往是劳动密集型、竞争激烈的行业，如纺织业、食品业。这两种市场各自独立，其间的劳动力流动很少。在对英国、美国和以色列的地方劳动力市场的实证研究中，学者们发现劳动力市场的分割是普遍存在的。在主要劳动力市场，受教育年限和收入具有显著正相关关系；但在次要劳动力市场，受教育年限与劳动者的收入没有显著相关关系。

按照西方劳动经济学家的看法，分割的劳动力市场具有内生性，是劳动力市场运行的结果。因而，这种分割可视为一种市场性分割。由于很难把市场进行详细划分，劳动力市场分割理论对劳动力市场的分割显得比较生硬。但由于历史的、制度的原因，中国的社会结构为典型的二元结构，存在明显的劳动力市场分割现象，这种理论还是比较适用于中国的。这种二元结构是以城乡差别、工农差别为基本内容，以户籍制度为核心，城市和农村之间在就业收入和就业环境方面都有比较大的差距，中国的劳动力市场分割为非竞争式的、很难互相流动的两个劳动力市场。此外，由于社会政治经济的不同领域的发展速度、不同所有制企业的成长状况、不同产业的改革进程的差异，也导致城镇内部出现了几种相互之间具有分割性的劳动力市场，几种分割的劳动力市场在就业收入、工作环境、就业的可流动性等方面都有差异。近年来，随着政治经济的快速发展以及由此导致的政策法规变化、发展和完善，使得我国劳动力市场制度性分割的具体形式不断发生变化，劳动就业模式相应地也发生了深刻变化，正规就业的比重日渐降低，而非正规就业的比重逐步上升。劳动力市场对就业弹性的影响为当前中国绝大部分下岗失业人员通过非正规就业的方式实现再就业提供了理论指导。

### （四）失业理论

#### 1. 隐性失业理论

从失业表现形式上，可把失业分为“隐性失业”与“显性失业”。所谓隐性失业，就是指被雇用者从事不能充分发挥其能力的工作，或者是从事其劳动生产率低于其从事其他工作时所能达到的劳动生产率的工作。[①]从一般意义上讲，一个生产单位所使用的劳动者数量超过为达到某一经济

① 何承金：《劳动经济学》，东北财经大学出版社2002年版，第73页。

目标所必需的数量，而该生产单位又没有对这部分多余的劳动者数量作其他用途的配置，让其在生产单位内部继续存在下去，这部分多余的劳动者数量就是隐性失业。尽管隐性失业在市场经济条件下也存在，但是更多地存在于计划经济体制和转轨时期中，体制因素对隐性失业的形成影响较大。从这个意义上说，隐性失业属于一种体制性失业。

在计划经济体制下，资源的配置机制不是市场价格，而是计划配额。就业体制实际上就是在工资不具有调节劳动力供求失衡功能的情况下，对劳动力需求实施的一种最低配额。这种体制下隐性失业是相对于生产单位完成计划产量所需求的劳动力数量而言的。在劳动力富余情况下，国家为了实现充分就业目标，为企业规定了最低就业配额。而企业为了避免计划产量年年加码，往往有意识地控制当年的产量，从而形成计划产量对劳动力的需求量。当最低就业配额大于劳动力的需求时，企业内部就会产生隐性失业。① 在劳动力短缺的情况下，国家为企业规定了最高就业配额。而在国家为劳动力支付成本的条件下，企业往往存在“囤积”劳动力的倾向，争取超过计划产量所需劳动力数量的就业配额。如果企业内实际就业量超过计划产量对劳动力的需求量，也会产生隐性失业。而且这种情况下的隐性失业会进一步加剧劳动力短缺，形成恶性循环。

2. 结构性失业

结构性失业理论侧重于劳动力供求质量的状况。结构性失业是对劳动力市场失业与岗位空缺并存现象的概括性描述。它是指在一个经济中，有一部分劳动力处于失业状态，与此同时，又有一些工作岗位出现人员空缺。这种情况可能是在劳动力市场供求总量均衡的条件下产生的，也可能是在劳动力市场供求总量不均衡的条件下产生的。结构性失业产生的直接原因是由于劳动力供给结构与劳动力需求结构不适应，如劳动力的受教育水平、知识技能，甚至性别、年龄结构等不能满足对劳动力需求的结构，因此很容易形成失业与岗位空缺并存的局面，而且会持续下去。导致这种结构性矛盾的经济原因比较多，其中主要包括科技进步、产业结构变动、劳动力素质、劳动力市场分割等。

结构性失业从需求角度看是由产业结构变化引起的，从劳动力需求角

① 蒋选：《我国中长期失业问题研究——以产业结构变动为主线》，中国人民大学出版社2004年版，第34页。

度延伸到引起产业结构变化的各种因素，以及产业结构变化对就业产生的直接影响。如果产业结构变化最终导致失业增加，以下情况都是可能的原因：科技进步“摧毁”的就业岗位少于创造的就业岗位；市场需求结构变化通过生产结构、投资结构导致产业结构变化，而扩张的、新兴的产业创造的就业岗位少于萎缩的、传统的产业所减少的就业岗位；资源减少或枯竭产业所“消灭”的就业岗位暂时没有可吸纳的产业；此外，国际经济技术往来引起的上述因素变化，以及国际竞争中由于竞争力较低直接导致的产业（行业、产品）衰退、外商投资减少所导致的就业岗位减少，大于我国产品、技术输出所能增加的就业岗位。而从供给角度看是由劳动力供给结构不适应劳动力需求结构造成的。从劳动力供给角度可以延伸到劳动力的自然特征和能力特征。对劳动力需求结构变化的不适应，说明在劳动力供给结构中，劳动力的年龄、性别、健康状况等自然特征或劳动力的受教育程度、职业技能、工作经验、人文素质等能力特征，与不同产业、行业、企业、职业、岗位的要求有差异。由此推论，改善劳动力供给结构，特别是通过教育和培训提高劳动力素质，提高劳动力的就业、再就业甚至创业的能力，对于减少结构性失业具有决定性意义。

# 第三章 老工业城市产业转型就业空间响应的逻辑框架

## 第一节 产业转型与就业结构变化

老工业城市的产业转型促使产业之间和产业内部经济比重发生变化，引发产业结构调整，这些变化和调整又带来劳动力转移，使劳动力重新配置，从而引起就业结构变化。此外，老工业城市多以“工业立市”，工业在经济结构中占主导地位。城市中传统工业的衰落和工业升级改造又打破了原有的就业结构，导致劳动力供需失衡，出现结构性失业。同时，因国家在老工业基地振兴过程中给予了老工业城市财力上的支持，使得以传统的煤炭、钢铁、军工、纺织、机械制造为主业的老工业城市快速实现技术改造，并逐步走上以发展新兴产业为主的道路。新兴产业出现和就业形式多样化并存。就业结构对于产业结构调整的适应，也是传统就业岗位减少、消失与新就业岗位产生、增多的过程，它既是数量结构的变化过程，又是质量结构的优化过程。在产业结构调整对就业结构拉动的同时，就业结构变化对产业结构调整又存在一定的牵制作用。老工业城市产业结构变化受多种因素的影响，其中，劳动力是关键因素。劳动力技能素质是决定产业结构能否升级的关键①，如城市中高新技术产业的发展必须有高素质劳动力作为保障；而在传统产业升级改造过程中，劳动力技能因素也起到决定性作用。因此，就业结构是衡量和影响产业结构变化的重要因素。

---

① 张建武、宋国庆、邓江年：《产业结构与就业结构的互动关系及其政策含义》，《经济与管理研究》2005 年第 1 期。

## 一　产业结构调整与就业结构变化

产业结构反映了城市经济中各产业之间的比例关系和结合状况，与产业结构相对应的就业结构则反映了城市经济各部门所占用劳动力的数量、比例以及相互关系。从城市经济发展实践看，产业结构及其演变决定了就业结构及其变动。作为生产力要素的劳动力，其投入与配置必然与产业结构相联系，不同的产业构成所形成的特定组合在相当程度上决定了劳动力的构成。[①] 具体来说，由于不同产业的收益不同，其吸纳就业的能力也不同，就业弹性系数存在较大差异，因此，产业结构的调整必然带来就业结构的变动。随着产业结构的升级变动，劳动力会在三次产业中发生转移，形成新的就业结构。老工业城市在其内部产业发生变化时，就业重心就会随之改变。老工业城市由于资源枯竭、产业结构单一、市场竞争加剧、科技及产品创新能力滞后等原因，出现了由于产业衰退引起的城市整体性经济运行困难。为走出经济困境，老工业城市进行了产业结构调整，重新组合优势资源。老工业城市产业结构调整也促使劳动力资源重新整合和优化配置。老工业城市中的传统工业衰落，城市产业结构逐渐偏向服务业，服务业对劳动力吸纳性强，城市中就业人员逐渐从工业向服务业分流。在产业结构的调整方面，除发展第三产业外，老工业城市还注重提升传统产业的技术，以实现产业振兴，这对于重新扩大就业和劳动力素质的提高均起到有力的推动作用。

另一方面，由于不同的就业结构使单位劳动者所支配的劳动资源数量产生差别，并形成不同的产出效益。城市中劳动力的数量、质量结构以及流动方式，都决定了产业劳动力的分布及其变动，进而影响产业结构的变动方式和方向，这也就形成劳动力就业结构对产业结构的能动反作用。在老工业城市产业结构调整中，这主要表现为：从事传统工业的劳动者所占比重较大，掌握高新技术的劳动者比重较小，这使得实现产业结构优化升级的难度加大、速度减慢。同时，劳动者从业技能同构化现象严重，这也直接影响了产业结构的演进速度和高级化的实现进程。

## 二　传统产业改造与职工下岗失业

在计划经济时期形成并在社会经济发展中为工业化进程做出过重要贡

---

① 周建安：《中国产业结构升级与就业问题的灰色关联分析》，《财经理论与实践》2006 年第 5 期。

献的老工业城市，其产业结构一般以工业原材料、能源、重型机械等工业为支柱产业。在整个经济结构中，第二产业特别是工业所占比重较大，传统产业比重较高。随着经济的发展，对老工业城市实行“改造”和“重振”计划，通过采取一系列“结构调整”措施，工业内部结构发生了重大改变，新兴工业部门相继崛起，逐步取代传统工业部门。老工业城市的就业集中在第二产业，在第二产业内部也往往以传统产业居多，而这些产业恰恰又属于调整之列。在新的产业部门迅速兴起的同时，被淘汰的旧的产业部门游离出来大量人员，由于技能素质的差异，游离出来的工人没有完全甚至是大部分没有进入新的产业部门，这样，分流出大量不适应产业结构升级换代技术要求的下岗人员，产生了大量结构性下岗、失业人员。

由于老工业城市失业人员大多从事传统工业行业，掌握的劳动技能比较单一，不适应工业转型和新兴产业的需要。随着老工业城市新型工业化的实施，科技创新成为产业发展的重要因素，这种结构性失业现象将更加严重，失业与就业岗位空缺并存。为了解决结构性失业问题，老工业城市除积极发展适应科技进步和市场需求的新兴产业以及非资源型接续产业，促进产业结构多元化和高级化外，还应大力发展劳动密集型产业，使之带动更多的就业，这样也在一定程度上调整了城市的产业结构，改变了城市单一的传统经济格局。同时，对下岗失业人员进行技术培训，使他们有机会获得新技术，为传统产业改造和产业发展注入新的活力。此外，由于中小企业一般技术构成较低，同样的投资可以吸纳更多的就业，而且中小企业建设周期短，资金投入和就业岗位之间的时间差也较短。在传统工业转型过程中，可以利用通过发展中小企业吸纳失业人员，起到积极就业的作用。与此同时，产业结构、产品结构、组织结构也在这一进程中发生了变化，使老工业城市产业结构上倚重型、倚生产型、倚高资源指向型，企业规模结构上倚大型、倚全能，所有制结构上倚国有的格局得到根本性转变。

### 三　新兴产业发展与就业形式多样化

我国老工业城市在加快工业化进程中，已经走上了新型工业化道路。新型工业化道路采取促进产业结构升级来有效化解当前主要矛盾，从而有力带动经济增长、扩大就业。其中最重要的措施就是利用技术去形成一些新兴产业，通过新兴产业培育和发展新的就业增长点，以增加新的就业和再就业岗位。在老工业城市中，新兴产业对协调经济部门活动起着重要作用。如第二产业中的制造业，它就是关联度高、决定产业结构优化和人均收入提高的关键行业。加快制造业内部结构调整，将信息技术融贯于制造业中，延长其产业链条，提高产业关联度，增加产品附加值和加工深度，发挥其广泛的产业关联效应，协调产业间关系，以切实增强第二产业吸收劳动力的能力。新兴产业尤其是高新技术产业在传统产业部门的应用，对传统产业不仅具有渗透、辐射作用，还规定了其发展方向和轨迹，以促进传统产业改造升级和产业结构的升级，这对老工业城市人力资源提出了更高的要求，也提供了更大的发展空间。以新兴产业活动作为载体，诸多产业活动或产业环节凝聚为一体，紧密联络相关经济主体，完善市场机制，推动经济一体化、开放化，提高经济效益，形成规模经济。如以高科技为依托的高科技工业园区就起到了产业集群作用。产业集群使各种人才向心流动，加剧人才竞争，也促进人才自我投资，提高劳动力专业化水平，便于充分发挥老工业城市的科技、人才资源优势，从区域竞争优势角度提高就业能力。在老工业城市新兴产业发展过程中，值得一提的是，中小企业成长、民营经济发展，也大幅度拉动了就业。由于市场的扩张和随之产生的对生产和服务需求的增长，一些新兴行业会自发产生，例如为制造业提供生产要素（如信息、技术、资金、人才等）或生产服务功能的生产性服务业。这些企业规模不大，所需资金相对较少，人力资本要求较高，正适合民营经济进入，如软件产业、信息服务产业，它们对就业都产生直接而积极的影响，促使就业形式多样化。尽管新兴产业能增加工作岗位、提供新的就业机会，但其对员工的素质要求与下岗职工的技能素养是有一定差距的。为弥补这些差距，可以通过再就业培训等方法使下岗职工获得新的技术。技术对劳动力就业的创新效应作用明显，新技术的获得使劳动生产率迅速提高，劳动力供给结构发生变化。在振兴老工业城市中，劳动力技能素质的提高又带动城市中信息化的发展，信息化带动工业化，给传统工业注入新的活力，促进产品创新，提升产品市场竞争力。将高新技术，尤其是信息技术植入工业化进程，为原有技术和产业全面改造、新产业不断发展创造了条件。

## 第二节 产业转型与就业空间分异

随着老工业城市经济的调整、产业集聚及产业结构的转换加快，深刻影响工业的生产组织形式、生产结构特征及地域空间组织，使城市的产业空间得到重组。第二产业空间以现有工业布局为基础，通过工业外迁、兼并、重组、破产等方式，大力改造、重组中心城区空间布局，培育新的工业增长空间点，具体体现为工业空间的扩散与郊区化。此外，土地有偿使用制度的改革和第三产业的快速发展，也迫使产业效能不足的工业企业大量外迁。土地有偿使用制度的实施扩大了旧城内部不同地段的级差地租，从而导致了商业、办公等功能向市中心集聚，加之效益较高的第三产业在市场经济竞争下明显比工业具有优势，产业效能低下，而且占地较广的工业不得不从市中心区迁出，到郊区工业区寻求发展空间。而工业和人口则逐渐向外围扩散。

工业扩散使得迁入区在搞好生产建设的同时，也要提高当地的生活条件，创造优于中心市区的居住和环境条件，重视市政基础设施和生活服务设施的配套建设，形成相对独立的生产、生活小区，减轻对旧市区的依赖，达到工业郊区化的目的。在环境逐步改善的基础上，工业郊区化带动了工作岗位的外迁，这在一定程度上促使居民向边缘区扩散。同时，在开发区内，坚持高新技术应用与传统产业改造并举，以自主创新推动老工业城市产业结构升级。开发区的发展离不开人才与劳动力的支持，开发区经济发展给区内创造了大量就业机会，劳动力就业率高于全市平均水平，失业率低于全市平均水平；随着外资企业的大量入驻，开发区成为高层次人才及普通劳动力不断涌入的集聚地。

### 一 产业空间重构与就业空间分异

在计划经济体制下，老工业城市的工业布局模式主要采用地域生产综合体模式。它是为保证完成重大国民经济任务而建立，一般由国家大规模投资形成，因此其发展是跃进式的，而不是渐进式的。这种模式强调通过政府干预，形成集聚，促进地区经济发展。在当时的大环境中，这无疑较好地实现了资源的空间配置。但是，这种模式存在当时体制下难以克服的问题。地域生产综合体是计划经济的产物，地域生产综合体的形成必须依赖国家指令性计划指导，国家计划对促进生产力在地区上均衡布局的同时，也导致了效率的丧失。① 这主要表现在：国家投资的大中型项目往往同地方经济发展缺乏联系，城市产业空间联系缺乏，互补性差，不能着眼于全局，不能以分工合作为指导，盲目建设，在进行结构调整和制定未来发展规划时，往往集中在现有的传统产业上，导致规划的重复并引起产业重复；工业布局不合理，主要依照行政指令布局，不符合经济规律；城市内企业开展经济合作的内在动力明显不足，企业间缺乏联系，协作程度低下，企业空间组织结构性缺失。

在经济全球化和区域经济集团化背景下，结合国有企业改制与重组、工业园区调整、老工业区搬迁、招商引资等方式，对老工业城市产业空间实行重新组合，提高资源的空间配置效率。通过资源重组，实施对老工业城市的改造。实现资源重组的主要途径包括企业异地并购、托管、整体搬迁等。② 企业搬迁主要指把原来布局不合理的军工企业或城市中心的工业企业进行空间调整，通过区位转移使企业获取更高的外部经济，增强企业活力。利用级差地租原理，使处于城市中心或较繁华地区的产业企业置换到城市边缘地价较低的地区，一方面为企业运转赢取了宝贵的资金，另一方面降低了企业生存成本，提高了外部经济效益。具体表现为，市区加快“退二进三”步伐，把成熟工业逐渐向外部迁移，为高新产业和高经济效益产业腾出发展空间；政府有计划、有规划地进行产业区位布局，为衰退产业选择优势区位，避免企业搬迁后再度出现分散状态；扶持现存的具有明显产业聚集效应的区位发展优势产业，在经济开发区或高新区内兴办“外部经济”密集而地价较低的工业园区。同时，各县域应承接中心城市扩散职能，形成各具特色的产业体系。

经济与人口在一定空间内要协调。经济的布局或空间分布与人口的分布密切相关。大多数城市是由于工业生产发展引起人口集中而形成的，所以工业是城市形成与发展的最主要因素，也是确定城市性质的关键因素。老工业城市中，产业工人数量居多，计划经济时期，就业岗位总是与工业发展相辅相成，社会结构以“单位制”为基础。由于单位自管房的建设，以单位为中心的居住空间组织在一定程度上形成、存在、发展，工业区、

① 陈雄、朱华友、张理华：《东北老工业基地产业区位问题及其重构的目标方式》，《经济地理》2006 年第 3 期。

② 陆国庆：《论衰退产业调整模式》，《学习与探索》2001 年第 1 期。

居住区混杂，城市土地功能分区不明显，就业人口空间差别没有体现出来。特殊的转型时期，城市中产业空间布局变化是引起产业人口变动的直接原因，也是优化城市居住空间的动因。城市中物质空间与社会空间的分化不断加剧，旧的空间秩序正在破裂，新的空间秩序正在形成。随着工厂、企业的搬迁，形成了新的产业开发区。在“单位制”下形成的功能齐备的“单位大院”正在逐渐解体，城市功能区的划分日渐明朗。产业空间布局的变化，引发了原居住区居民择业空间的变动。同时，产业空间重新布局还改进了交通、社会治安，这也在一定程度上影响了就业人口的空间变动，加大了就业空间分异程度。

### 二　开发区建设与就业集聚

20 世纪 80 年代中期以来，国内以城市为依托的各类经济开发区异军突起。从城市功能角度来看，开发区是城市的延伸和提高；从地域空间来看，开发区是对城市地域的扩大和再开发。开发区已经成为地区经济的重要增长点和产业结构调整的主导力量，特别是成为所在城市工业生产活动的主要空间载体。① 在老工业城市，开发区引进国外资金、先进技术和管理经验，促进老工业城市的技术改造和产业升级，带动城市及周边地区的经济发展。在信息化背景下，不仅要加强信息产业的发展，还要注重信息化发展下的产业空间发展趋势，以趋势促协调，促进产业的空间集群发展。老工业城市结合自身产业基础，依托中心市区的产业带动作用，引导各类园区的有序迁移、落户，发挥产业集聚效应，形成新的区域经济增长点，使开发区成为城市经济发展的龙头。通过实施园区集聚，初步形成了“一区多园”的集群化格局，实现了产业发展与技术创新的联动扩大。开发区成为老工业城市自主创新企业的主要集聚区，企业真正成为技术创新的主体。

开发区的不断发展为当地劳动力提供了大量就业机会，带来就业增长。老工业城市开发区的建设和发展，对调整产业结构，大力发展高新技术产业和第三产业，增加就业机会，促进人口、劳动力向区内流动，区内人口迅速增长，外来流动人口数量增多，吸纳农转非劳动力和国有、集体企业下岗职工再就业都起到重要作用。一方面由于园区经济快速扩张所引

---

① 张晓平、刘卫东：《开发区与我国城市空间结构演进及其动力机制》，《地理科学》2003 年第 2 期。

发的劳动力需求对人口有较强的吸引力；另一方面，人口的增加又促进了园区生活服务设施日益完善，为园区发展提供了有利支持。此外，开发区科技型企业的发展，增加了掌握高科技知识劳动者的就业机会，推动了劳动者就业结构的高层次化。高层次专业性人才的培养集中于开发区内的优势高效产业，只有合理的人才结构才能实现物质、技术和资本使用效率的提高，并引起投入各产业的各种要素合理流动。人才的专业文化程度、技术水平和创新能力是产业结构调整的动力。一方面，老工业城市开发区高效的人才资本将吸引大量的外来资本，并引导外来资本投入的方向，带动开发区产业的转换与升级；另一方面，高效的人才资本便于吸引外来的先进文化和管理制度，特别是外来技术的消化和吸收，为开发区产业的高级化提供智力支持，并最终影响区内产业发展。

### 三　工业外迁与就业郊区化

中华人民共和国成立以来，我国城市建设重生产轻生活，城市中心区建设了许多工业企业。老工业城市工业布局与国内其他城市一样，主要偏集于城市中心。这种布局是造成旧城区工业用地发展局促，工业、居住、商业、办公等城市用地功能混杂，环境污染严重，交通负荷沉重的主要原因。这种布局既不利于工业发展，又对旧城区城市发展形成压力。改革开放以后，我国城市部分工业企业开始从城市中心区向外搬迁，城市工业郊区化开始显现。工业郊区化主要是指城市中心区工业在市场和制度革新的作用下，由市中心区向郊区迁移。

老工业城市的工业郊区化可以分为两种类型。一是在老工业城市改造背景下，城市总体规划要求中心区一些污染扰民工业企业向郊区搬迁，主要目的是改善城市中心区环境。按照“退二进三”原则，把高耗能、高污染、运输量大以及不宜在城区内发展的企业逐步迁出，并在郊区建立新的工业开发区，为工业发展提供用地，接纳人口和企业整体搬迁，避免工业选址无序化。二是产业结构转换中的工业企业外迁。由于城市产业结构升级和转换的推动作用，城市地域格局做出相应调整。按照老工业城市改造和振兴目标，向新型工业化方向发展，大力发展高科技型工业。为此，旧城区要严格控制工业发展，不再增加工业用地，对有严重“三废”污染的工业企业分期分批进行转并和外迁。城市中心区外围工业区主要进行合理调整、填补，加强各项配套服务设施建设，不再安排大型新建、扩建项目。发展工业开发区和工业镇，完善和开发一批大型工业区，容纳旧城区的工厂搬迁，减轻旧城区压力，大力发展新区、大型工业区。此外，第三产业具有经济密集、决策集中和信息灵敏等高度集聚和高产出特点。第三产业的迅速扩张和高新技术产业的发展引起其占用土地大幅度增加，导致地价上涨。地价高的旧城区更适于发展商务、金融、贸易和服务业等较为集约的第三产业，大部分工业企业倾向于在地价相对低廉、用地空间较大的城郊地带发展。市内污染重、耗能耗材高的工业企业逐步向外迁移，腾出地方发展第三产业。

老工业城市的工业郊区化对企业内部结构优化和企业发展也起到了一定的促进作用。城区高密度的建设局面，严重限制了企业的发展空间，加之采用新生产工艺和流水线的多数企业也需要扩大用地规模。相当一部分企业搬迁满足了其自身发展对用地的需求。通过将污染扰民工厂搬迁和产业调整，淘汰落后的工艺、设备，提高技术装备水平，还解决了旧城区内企业规模小、布局分散的问题，形成了专业化的生产规模，企业向集团化方向发展，发挥了企业群体优势，调整了企业组织结构，优化了产业结构。

工业外迁必然导致原企业从业人员被迫迁居。为配合工业外迁，在新工业区周边建设一批新居住区，以便从业人员及其家属随工厂外迁而向郊区扩散。伴随新居住区配套设施和城郊交通的不断完善，对疏散旧城区人口也起到一定作用。工业外迁带动人口外迁，人口外迁带动一系列相关要素的外迁。人口郊区化与工业郊区化、居住郊区化是互为因果、相互作用的。工业外迁导致人口的随迁，人口外迁又导致就业郊区化。城市中第二产业就业人口的增长在边缘区和郊区均高于总人口和总就业人口的增长，而在中心城区的下降幅度也大大高于总人口和总就业人口的下降幅度。与此同时，城市工业的外迁和扩散，促进了乡村工业化发展，农村大量剩余劳动力从农业向第二、第三产业转移，这样，第二产业在郊区出现了集聚的势头。另外，人口外迁必然要有大量的住宅作为保障，这拉动了郊区房地产业的发展。人口外迁对商业外迁也有一个正向带动的作用，人口重心的转移必然会带动商业重心的转移。这样，人口外迁也导致了城市产业布局变化。

## 第三节 产业转型与就业社会空间重构

### 一 产业转型与就业制度

产业转型在使老工业城市就业结构发生变化的同时，也引发劳动力配置管理方式的改变。依据对劳动力配置管理的方式，就业制度分为计划就业制度和市场就业制度两种类型。① 老工业城市国企多，计划就业制度下的劳动力就业服从政府安排，结构僵化，其变动只是一种增量调整，劳动力流动困难。在这种就业制度下，企业按照政府计划吸纳劳动力，不管劳动力素质高低及企业容纳是否过剩，这种情况造成了严重的隐性失业。向市场经济体制转轨过程中，由于市场经济规律使然，国有企业富余职工下岗失业无法避免。市场就业制度下的劳动力在经济利益的驱动下发生流动，同时，产业转型也要求劳动力在城乡、产业和企业间流动。这样，老工业城市中第二产业部分隐性失业人员通过下岗、失业等形式向第三产业或非国有制经济形式转移，推进就业体制转轨。另一方面，就业制度变迁也会影响产业转型，尤其在产业结构调整方面。在计划经济时代，曾经实行“统包统配”的就业制度以及就业和保障高度统一的制度，致使职工对国有企业高度依赖。劳动就业制度改革，劳动就业由政府主导型转向市场主导型，从而制约了某些行业就业人员的增长。特别是20世纪90年代后期，在市场经济体制下推行市场化自由择业、竞争上岗、下岗分流和合同化等用工方式，使这种制约作用更加明显，特别是在那些重型工业企业和传统工业企业中尤为显著。由此引发的从业人员行业结构变化导致产业结构变化，促使城市基础产业和主导产业发生变化。此外，就业制度变迁也影响到产业组织变化。就业制度变迁通过改变制度安排的激励结构和动力机制，调动了劳动力主体的生产积极性，劳动力资源从使用效率低的部门和企业转移到使用效率高的部门和企业，从而深化就业体制改革，促进劳动力就业的市场化。由于多年实行计划经济体制，老工业城市中国有企业的劳动力资源配置非效率发展到十分尖锐的程度，这种非效率问题表现

① 郭丕斌：《新型城市化与工业化道路——生态城市建设与产业转型》，经济管理出版社2006年版，第33页。

在劳动力供需之间的结构性供给短缺与过量同时并存。同时，各产业劳动力过于臃肿，并且其中技术型劳动力比重偏低，劳动生产效率不高。市场就业机制作用的逐步发挥，把企业引入市场的同时，劳动者也被推向了市场竞争的前沿。产业内劳动力技术素质的提高，劳动力在技术素质方面的结构以及技术型劳动力在不同类型企业之间的分布也会发生变动，这样，就会减少大、中型企业中过多的劳动力，对生产集中度产生积极影响，进而优化了产业组织，在一定程度上对产业转型有促进作用。

（一）国有企业改制与就业保障制度

在计划经济体制下，就业和社会保障捆绑在一起，社会保障实际上就是企业保障，职工的生、老、病、死都由企业承担，形成企业办社会的现象，即使企业消化不了劳动部门安置的劳动力，企业也无法辞退，只好发放生活费加以供养。这既增加了企业生产成本，降低了市场竞争力，使企业承担了大量的社会保障职能，也使企业与职工形成了不容选择的刚性结合，企业职工基本不具备流动性。在市场经济体制下，实施社会保障制度的主体应该是社会，而不是企业。企业作为市场主体，其主要任务是组织生产经营活动，其目标是盈利。至于职工的社会保障问题，企业只负责交纳相关的费用，其余的工作由社会完成。在这种社会保障制度下，非公有制企业能吸纳很大一部分下岗职工和失业人员，劳动力自由流动程度加大。劳动力的可流动性使劳动力结构发生重组，以其为前提，调整企业的经营结构、组织结构和资本结构，使企业获得发展新动力，给经济带来活力，提高经济运行效率，是企业应变市场的必要条件。这无疑给国有企业改革创造出良好的外部环境，有利于加快国有企业改革步伐，建立现代企业制度，提高企业的经济效益。

老工业城市是我国能源、机械、纺织、军工、森工基地，国有大中型企业相对比较集中，传统的产业结构、体制结构在老工业城市遗留的历史包袱比较沉重，企业累积了大量的富余人员。在体制转轨过程中，旧有的就业体制失去效用，新的就业体制赖以生存的市场经济又没有完全发育起来，使得这些老工业城市的下岗失业率高于全国平均水平，成为下岗失业最严重的地区。随着国企改革不断深化，更加剧了下岗失业现象发生的程度。老工业城市因国企改制产生大量下岗、失业人员，加上企业原有的离退休人员，这是一个很大的亟须得到社会保障的脆弱群体，他们为艰难实施中的社会保障带来了更大的难度。旧体制下，国有企业职工在住房、失业、医疗、退休等方面的保障比较优越，而非国有企业与国有企业的“位差”较大，劳动者流出的净收益小于流出的成本，也就阻碍劳动力的合理流动和再就业。因此，解决就业问题必须对旧体制的传统社会保障制度进行改革。只有通过制度安排和制度结构的创新，逐步完善非公有制经济的社会保障，相对减少职工流出国有企业所造成的制度风险成本和机会成本，增加职工流出的收益，在利益上诱导劳动力合理流动，才能为劳动就业提供制度、政策上的保证，提高社会的失业承受能力。因此，必须将就业和社会保障分开。并轨后，国企职工身份与其他成员相同，所有社会成员在理论上都可以进入新型社保体系，这为建立覆盖全社会、面向一切社会成员的新型社会保障体系创造了条件。下岗、失业职工与原有企业解除劳动关系，与失业保险并轨。下岗职工由企业人变为社会人，失业保险关系全部接续，失业人员进入了新的社会保障网，失业保险体系会保障这部分下岗职工的基本生活，向失业人员发放失业救济金，保障他们的基本生活。同时，企业可以减少成本开支，降低单位产品的成本，有利于企业追求利润最大化。老工业城市老企业多，在计划经济体制时期，我国实行统一的劳动保险制度，企业、职工的贡献作为利润全部上缴国家，退休金等一切福利开支再由国家统一进行全面再分配①，造成国企数目多的老工业城市拖欠基本养老金的数目也较多。国企改革使这部分资金缺口成为改制的障碍。有些国有企业为了缓解资金压力，对那些符合退休条件达到退休年龄的职工迟迟不办理离退休手续，这并不能从根本上解决问题。只有补足养老保险金，“企业保障”才能真正转化为“社会保障”。② 只有将老工业城市国有企业的养老负担解除，才能推行其他改制措施。

（二）产业组织优化与市场就业制度

产业组织优化是产业转型的一个重要方面，产业转型需要依托产业组织的优化。老工业城市的产业兴衰是产业转型基础，产业兴衰的重要内容是产业组织的发育变化，其主要表现在作为产业元素的企业之间的相互关系，包括大、中、小型企业的比例关系，国有、非国有等各所有制结构企业的构成，以及企业之间的相互融合与合作关系。此外，产业兴衰在空间的表现，即产业整体规模的扩大或缩小，以及在区域分布的延伸和收缩也

① 钟勇：《产业结构演进机理研究》，博士学位论文，中国人民大学，2004年，第23页。

② 同上。

影响产业组织的变化。在老工业城市，从所有制结构上看，工业国有企业在大型企业中所占的比例仍然过高。工业大型企业中大部分是国有及国有控股企业，而在中、小型企业中，国有企业的比例则相对较低。另一方面，在老工业城市中，产业组织的低度化和同构化现象严重。同构化是指结构变化过程中不断出现和增强的区域间结构的高度相似趋势；低度化是指从较低水平状态向高水平状态升级转化的动态过程中处于较低状态。① 产业组织结构的低度化和同构化，既不利于主导产业的升级和替代产业发展，又不利于中、小企业的新生和发展。因此，老工业城市产业转型过程中，将继续解决产业组织问题。这样，产业转型直接影响产业组织的变化，而产业组织的变化又会带来劳动力在不同产业、不同企业间的流动，或者产业内劳动力在技术素质、管理素质等结构上的变化。②

产业组织优化推动劳动力的合理流动，劳动力的流动又会促进产业组织的优化，产业组织优化与劳动力流动之间存在明显的互动关系。③ 劳动力的合理流动必须考虑劳动力市场的完善程度，尤其是在受统包统配的计划就业制度影响显著的老工业城市内。完善的劳动力配置制度，可以促进劳动力在企业、地区、产业之间自由流动，从而改善劳动力的分布结构，进而对产业组织的优化带来积极影响。例如，在劳动力市场中，合理的工资制度可以成为引导劳动供求双方行为的信号，使企业生存的微观基础更加市场化。再如，完善劳动者失业保障制度、医疗保险制度、养老保险制度等社会保障体系，使劳动力在寻找工作过程中有基本收入来源，并使劳动能力下降、素质降低的劳动者适时地退出劳动力市场，使劳动能力强、素质高的劳动力获得更多的就业机会，促进劳动力的合理流动，进而降低企业进入退出的成本与障碍，有利于产业组织优化。另一方面，产业组织合理化必然涉及企业退出问题，必须以强大的社会保障体系作为后盾。因此，应尽快建立完善社会保障体系，及时解决失业保险费及其他社会保障基金的征缴问题，清理追缴企业拖欠的社会保险费，使失业者、退休人员等具有稳定的保障途径。此外，所有制改革本身就是对产业组织制度属性

① 郭承龙、郭伟伟、张承谦：《资源型城市的产业组织结构探讨》，《经济师》2007 年第 1 期。

② 胡立君、郑艳劳：《劳动力流动与产业组织变化的互动关系研究》，《中国工业经济》2006 年第 11 期。

③ 同上。

的调整优化，所有制改革能够推进市场结构演进、改变企业市场行为，优化产业组织结构。

（三）产业转移与再就业制度

老工业城市中的产业转移主要表现为，随着老工业城市建设发展的需要，生产力的进步，城市经济发展主要依靠第二产业支撑，劳动力由第二产业向第三产业转移。在第二产业内部，劳动力则由劳动密集型和资金密集型产业逐渐转移到技术密集型产业。产业转移的本质是生产要素的流动。劳动力作为生产要素之一，伴随着产业的转移，必然也会出现相应的劳动力流动。这种流动在产业之间表现为劳动力工作岗位发生变动，在产业内表现为劳动力在技术素质方面的结构变动以及技术型劳动力在不同类型企业之间的分布变动。这样，劳动力的流动致使城市就业岗位转换。老工业城市居民再就业过程中，适当调整第二产业的内部劳动结构，把发展资金密集型的基础工业和劳动密集型的轻工业相结合，在优化发展战略性产业（如交通、能源、电子、通信等）的同时，提高资金创造就业的有效利用率，能发展吸纳较多的劳动力的日用品工业和农副产品加工工业。同时，加快第三产业发展步伐来扩大劳动就业容量，以利于城市居民再就业问题的解决。需要特别指出的是，一部分资源型老工业城市，面临资源枯竭型城市转型所引起的职工安置问题，伴随着矿山的关闭破产，职工需要重新安置就业。在矿务局的转产、职工转移，地区原有支柱产业衰退或结构急剧升级，短期下岗职工人数骤然增加的情况下，充分利用资源枯竭矿区现有的土地资源，开发种植、养殖业，采取“退二进一”的办法，把原来矿山职工分流到开垦本地区农业部门种植业，搞绿化造林或开展农村的第二产业（乡镇企业）和第三产业，就地解决就业问题，有利于缓解产业转型过程中劳动力安置的压力。①

产业转移除影响产业间的劳动力流动外，还表现在区域间的劳动力移动，对区域再就业问题的作用可分为劳动力输出区和劳动力输入区。对于输出区域再就业问题的解决所带来的好处不言而喻。问题在于，对于输入区而言，在老工业城市下岗失业人口激增和已有大量需要向非农产业转移的农村剩余劳动力情况下，产业转移所带来的劳动力移动无疑会使城市的就业问题更加困难。此外，产业结构调整下的产业转移指向，是从相对发

---

① 罗元文：《老工业基地劳动力就业问题研究》，《经济与管理研究》2002 年第 1 期。

达区域指向相对落后区域。在老工业城市内，农村劳动力边际劳动生产率远低于城区，当地乡镇企业技术构成低、资本增密程度低，难以吸纳更多的农村剩余劳动力，也难以推动当地经济持续快速发展。在这种情况下，部分有较高文化水平，有一定技术和管理能力的“下岗”职工向城郊或农村移动，参与当地企业的生产与管理或建立新的企业，不仅会促使原本低下的边际劳动生产率提高，增强当地资本积累能力，促进当地产业，尤其是乡镇企业的发展，扩大生产规模；而且还刺激当地的市场需求，为第三产业的发展创造新的空间。在这种情况下，来自经济相对发达城区的“下岗”职工对农村经济生活的介入，虽然也可能带来劳动费用上升的问题，并在短期内给当地人口就业带来一定压力，但从总体上来说，这会在促进落后地区经济发展的同时，为其创造更多的就业机会。

## 二　产业转型与就业观念

产业转型在某种程度上也促使老工业城市就业观念的转变。一方面，产业结构由第二产业向第三产业演进，工业的从业人口向服务业分流，进而影响人们就业观念，促使城市的工业文化向商业文化转变。另一方面，为适应就业体制改革，就业者开始由“计划人”向“市场人”转变。受到与计划经济体制相匹配的社会政治组织体制的影响，单位文化在老工业城市中对就业者影响更大。20 世纪 90 年代以来，伴随着中国社会结构的变迁，非国有经济及非单位制度迅速扩大发展，单位文化开始向市场文化转变，政府依赖及单位依赖意识向创业文化转变。[①] 就业文化转变促使人们的就业观念发生变化。一方面，国有企业改制和资产重组对劳动关系的影响突出。国有企业转变为非国有性质后，原来的职工与厂长和经理之间的领导与被领导关系转变为雇员与老板的雇佣关系，职工劳动地位的不稳定性也显著增加。劳动关系的变化以及在利益格局调整中产生的摩擦和矛盾冲突，对人们的就业观念产生了巨大的冲击。另一方面，老工业城市中的下岗失业人员，思想观念上对某些职业和工作岗位的认识误区在逐渐消解，他们的就业机会也在增加，有利于促进他们再就业。

### （一）产业结构变化与就业观念转变

老工业城市职工面临产业结构变化，部分职工选择到农村从事农业活

---

① 田毅鹏主编：《“单位社会”的终结，东北老工业基地“典型单位制”背景下的社区建设》，社会科学文献出版社 2005 年版，第 105 页。

动。在此过程中，职工的就业观念发生转变，表现在择业取向、索取期望值的变化上，如对就业期望值过高，而又不愿付出太多，不愿到农村，不愿干脏、累、苦的工作，城市职工贵族化倾向等心态的转变。① 这种观念的形成，与体制上的传统平均主义，劳动人事制度与分配制度及传统“身份”制度、户籍制度变迁有着密切关联。

老工业城市通常用加快第三产业发展步伐来扩大劳动就业的容量。因服务业有广阔的就业空间，它是吸纳企业大量富余人员再就业的合适选择。其中的社区服务业，形式多样，劳动强度不大，对劳动力素质要求也不高。随着服务业的发展，灵活就业的比重也不断上升，就业模式日趋多样化，能够实现多形式就业和以非正规形式就业。这些靠发展服务业来拓展就业门路和增加就业岗位的措施，使长期以来依靠传统的计划经济体制安排具体岗位、“等、靠、要”就业依赖心理严重的老工业城市劳动者，能够发挥积极性和主动性，在市场上寻找适合的就业岗位。同时培养个人创业精神，由“守业文化”向“创业文化”转变。

此外，老工业城市由于技术发展，工业内部结构调整，使得劳动者在个人素质修养、专业技术能力方面不再“因循守旧”、缺乏超前性与随机应变性，他们尽可能多地学习新的知识来充实自己，提高就业技能。随着老工业城市劳动者就业观念的转变和新择业观的形成，对城市产业结构的升级调整也起到一定的促进和推动作用。同时，由于一些老工业城市因产业衰落引起的城市衰落，致使城市广大劳动者在择业区域位置选择上，不再主张“父母在、不远游”，把就业选择区域范围扩大，这种拓宽了的就业空间观念在一定程度上影响城市的产业转移，导致产业结构空间变化。

（二）产业组织变化与就业观念转变

对老工业城市劳动者就业观念影响最大的产业组织变化是非公有制企业的快速发展，尤其是个体、私营等企业的发展。老工业城市劳动者在择业取向上偏好公有制单位，公有制中又热衷于国有企事业单位，而不愿选择在私营企业、个体经济、乡镇企业中就业。从需要就业的各种类型劳动者中可以发现，除了农村剩余劳动力在择业时由于各种制度性障碍限制他们别无选择、无所谓公私轻重之分之外，城镇大中专毕业生和待业青年，

① 刘凤岐：《论劳动力买方市场条件下劳动者就业观念的转变》，《延安大学学报》（社会科学版）1997 年第 2 期。

大都在感叹工作难找，而不愿到非国有、非公有企事业单位找工作。这是旧体制下就业观念的反映。同样，受计划经济影响，国有企业下岗职工存在对政府、企业的依赖心理，被动地等待政府或企业安置工作。由于“等、靠、要”依赖思想的存在，下岗职工再就业的积极性和主动性不高。他们考虑的是职业的稳定性与安逸性，有的认为只有在国有企业、政府部门工作才是就业，而到其他经济性质的企业不算就业，他们在劳动力市场上徘徊不前。有的缺乏自主创业的精神，自谋生路的积极性不高，宁肯在家等待安置一个安逸、稳定的职业，也不愿意自谋职业。以公有制为主体、多种所有制经济共同发展的格局打破了所有制的界限，消除了老工业城市劳动者在职业选择上的身份等级观念，使更多的劳动者愿意到个体、私营企业就业，或者直接创办个体私营企业。这种现象，使下岗成为转岗，失业成为再创业。

（三）国企改制与就业观念转变

国有企业的改制和资产重组对劳动关系的影响最为突出。国企改革引起企业职工身份的变化，部分企业要扩大规模，部分企业则要根据生产情况进行人员调整。计划经济体制下的劳动关系造成劳动力流动的僵化状态。并轨之后，原有的国有企业职工与企业解除了劳动关系，劳动者与企业可以双向选择，为建立全社会劳动力自由流动机制创造了前提条件，双向选择、合理配置劳动力资源的社会机制也因此建立起来。① 劳动关系，由计划经济时期的单一劳动关系向市场经济的多层次劳资关系转变。② 随着国有企业转换经营机制的逐步完成，城镇集体企业、乡镇企业等其他经济成分的企业实力进一步增强，“三资”企业和私营企业也大量增加。与此相适应，资本的形式出现了多元化，国有资本、集体资本、私人资本、外来资本等，不同的资本和劳动力形成了不同层次的劳资关系。与此同时，分配方式也发生了变化，除按劳分配外，资本、技术、知识等其他生产要素也参与了收入分配。在这种劳动关系改变的情况下，老工业城市中职工的不稳定性增加了，由于与市场经济体制配套的维护劳工权益的法规尚不健全，社会上随意侵犯劳工合法权益的现象比比皆是。国有企业改革

① 王慎十、娄成武：《“社保试点”在辽宁老工业基地振兴中的作用及启示》，《东北大学学报》（社会科学版）2007 年第 9 期。

② 周新军：《劳动关系与劳资关系：两种体制下的经济关系》，《现代财经》2001 年第 12 期。

带来的劳动关系变化，不仅对人们的就业观念产生了巨大的冲击，更值得关注的是，在这种利益格局调整中所产生的尖锐的利益摩擦与矛盾冲突。国有企业的下岗失业人员在就业、保障、住房、医疗等方面的预期变得难以保证。同时，老工业城市中，“等待安置”型的（在就业问题上有等待政府安置就业的观念与习惯，“等、靠、要”思维定式支配）劳动者，又因为在就业和保障等各方面困难的增加，而在面临劳动关系变化，就业机会灵活多样和自主择业时，很难适应这种剧烈变化。政府应该因势利导，使这部分群体打破思维定式，转变就业观念，将就业与创业结合起来，自谋职业、自主择业、自我创业，依靠市场寻找适合自己的就业岗位。这种因劳动关系变化带来的就业观念转变，在一定程度上对国有企业的深化改革起到重要的促进作用。

# 第四章　老工业城市产业转型过程

## 第一节　老工业城市产业结构的演变过程

老工业城市的发展过程大致可以划分为“发生发展—衰退—振兴”三个不同阶段。这三个阶段分别伴有不同的社会经济特征、内外发展环境、条件和动力机制，分析老工业城市产业结构演变的阶段性特征总结如下：

### 一　老工业城市产生发展阶段

我国老工业城市是指在改革开放前，受计划经济体制影响，国家重点投资建设而形成的国有企业比较集中、工业规模大且比重高、曾经对我国工业化进程和经济发展做出重要贡献的城市地域。作为新中国成立初期经济建设的核心力量，老工业城市在迅速发展壮大的同时，也奠定了我国工业化和城市化基础，为我国经济社会发展和国防安全建设做出了不可磨灭的贡献。在老工业城市开发初始阶段，大量资金、人力、物力的投入，使传统工业产业蓬勃发展，成为老工业城市的支柱产业，大多数老工业城市是资源型产业，或以资源为基础的产业，产品附加值低于下游加工业，这就使得推进单一的产业结构发生改变成为必然。

### 二　老工业城市衰退阶段

1980 年以后，老城市工业日益显示出衰退、疲惫的发展态势，走上与西方发达国家老工业城市相似的道路，资源枯竭，主导产业衰落，城市工业陷入困境，并引发了失业、贫困、基础设施建设和生态环境整治等多方面的问题，目前成为区域中各种矛盾最为集中的地区，构成了区域可持续发展的“问题地区”。

（一）老工业城市产业衰退的原因

1. 区域优势的转变

区域优势是指某一地区存在的有利于产业发展与布局的有利因素。区域优势理论认为，每个地区都具有生产某一特定产品的绝对优势或相对有利条件，即区域生产优势。区域优势是工业城市形成和赖以生存的客观基础，任何类型的老工业城市都是在特定的区域优势的基础上形成、发展起来的，并随着区域优势的转变而发生变化。区域优势的强弱制约着城市工业生产要素的集聚程度及工业基地的发展规模。区域优势还直接决定了工业城市的劳动生产率、生产成本、产品市场价格及产品市场竞争力的高低，进而决定了工业生产的生产利润及经济效益的高低。如果每个城市都能够根据自身优势，发展特定产品的生产，可降低生产成本，提高劳动生产率，使得资本得到最有效的利用。

区域优势是由区位条件、资源与社会经济条件、历史基础与产业发展现状等要素构成的，这些要素决定老工业城市的类型、发展的规模和水平。同时区域优势也是一个不断变化的动态系统，它的改变必然导致城市结构与功能的变化。老工业城市如果不能随着区域优势的转化而及时调整则必然导致衰退。

区域优势的变化表现在两个方面：一方面是老工业城市市场要素的变化。当老工业城市的资源利用及传统产业发展到了一定的规模，资源储量日趋枯竭，必然会导致区域优势丧失，出现老工业城市规模和速度的衰退。另一方面，老工业城市的发展面临着工业企业布局过于密集，从而出现人口过剩、失业率升高和环境污染等一系列严重问题，这使老工业城市投资环境恶化、吸引力下降，加剧了老工业城市的衰退。

2. 产业结构有序演进规律

老工业城市的衰退是世界各国在推进工业化进程中所必然出现的客观事物。任何产业部门都经历着形成、发展、成熟、衰退的变化过程。产业衰退是指部门的增长呈现出有规则的减速，随着主导产业的衰退，老工业城市也会逐步走向衰落。

从理论上讲，任何城市都应当是不同发展水平产业部门的空间聚合体，这些不同发展水平产业部门的变化在时间上是一个连续的发展过程。老工业城市的产业结构存在严重的不合理现象，最终导致城市走向衰退。

老工业城市产业结构不合理主要表现在以下几个方面：（1）产业结

构的单一化，老工业城市的产业结构高度集中于采掘工业及原材料工业等传统工业。产业结构比较脆弱，当主导产业部门受到市场冲击时，城市发展就会很快陷入整体困境。（2）产业布局的畸形发展，产业布局过度集中于大中城市及资源产地，带来用地紧张，地价昂贵、交通拥挤、环境恶化、基础设施发展滞后、地区投资环境恶化等一系列的问题。（3）违背了产业结构有序演变的规律，一个地区的工业变化过程实际上是该地区主导产业部门不断更替及工业结构不断演进的连续过程。而老工业城市的产业部门主要集中于资源及机械等重型工业部门，缺乏向高科技产业部门升级的主动性。

3. 市场需求结构的演变

按照产业组织理论的 SCP 框架进行分析，城市的产业结构必须与市场结构保持一定的对称关系，这样城市的产业才可能获得较好效益，促进城市经济繁荣与发展。然而，老工业城市现有的产业结构与市场需求存在矛盾，具体表现在：（1）老工业城市的产业结构单一，主要为重化工业、原材料工业和基础性工业，而具有较强市场需求的轻工业发展却相对滞后。这必然导致市场需求结构与城市产业供给之间的尖锐矛盾。（2）老工业城市生产的产品种类单一，加工层次较低，主要生产原材料、初级产品和部分中间产品，而市场所大量需要的是加工层次较高的中间产品和最终产品。（3）老工业城市的产业动态结构和市场发展方向上没能有效耦合，生产方向同市场发展方向、技术发展趋势存在较大差异，使老工业城市呈现出一种老化和衰落的态势。如美国东北部的汽车工业，英国的电器工业，德国鲁尔区钢铁工业都受到了作为新兴工业国——日本同类工业生产扩大市场占有率提高的冲击；我国东北等传统老工业城市同样也面临着东南沿海新兴科技工业城市兴起的严峻挑战。

（二）我国老工业城市衰退原因的特殊性

我国老工业城市的衰退除了共有的原因之外，还有着一些独特的原因，这些原因主要体现在以下方面：

1. 传统体制束缚，经济体制僵化

我国老工业城市都是在传统计划经济体制下发展起来的。其主要弊端表现在：老工业城市的行政体制重管理、轻服务；资源配置主要依赖行政管理手段，阻碍了人的积极性和创造性的发挥。我国老工业城市衰退的主因是由僵化的计划体制下的历史包袱重和改革开放的相对迟缓共同造成的。

首先，在传统计划经济体制下，由于企业和地方缺乏自我更新的发展能力，工业发展和投入主要靠国家，一旦国家投资政策的倾斜重点发生转移，原有的老工业城市输血减少，势必走向老化。

其次，在体制结构转换方面，由于传统体制使产业配置难以突破先前的行政区划的框子，缺乏对自然经济区和产业集群优势的考虑，从而影响了老工业城市的产业结构合理化改造进程。

再次，由于传统体制造成的国有企业机制凝滞，产权关系不清，劳动、人事、分配制度改革落后，导致国有企业活力不足，难于与产权清晰、经营自主权大、组织弹性大的南方新兴工业城市、乡镇工业及其他非国有企业展开竞争，使老工业城市在市场竞争中处于劣势地位。

2. 国有企业缺乏竞争力，历史包袱过重

老工业城市一个比较突出的特点就是国有经济比重过大，所有制结构不灵活。由于传统体制束缚和惯性作用，加上产权改革相对迟缓，企业经营机制尚未得到很好的理顺，因而在激烈的市场竞争中，老工业城市中的国有企业缺乏应变能力和创新能力，产品积压，质量下降，经济效益不断滑坡，难于在国内市场竞争中取得优势，从而获得较多利润来推进老工业城市的自身改造。

历史包袱过重，老工业城市工业企业历年来技术改造欠账太多，积重难返，在“统收统支”的30多年中，老工业城市所创利润大部分上缴国家，用于支援其他地区建设，因此老工业城市只能“先生产，后改造”。改革开放以后，财政“分灶吃饭”时期，也因地方财政上缴任务重，企业自留比例过低，也只能“先生产，慢改造”。为此，老工业城市改造进程缓慢。

3. 传统思想禁锢，观念老化

由于受计划经济体制束缚，在老工业城市中“坐、等、靠”的思想普遍存在。老工业城市思想意识落后，观念老化，跟不上形势的变化，在改革开放和加入世界贸易组织的浪潮中，老工业城市由于计划经济传统意识的惯性作用，没有适时较快转变思想，从而导致老工业城市不适应市场经济的竞争，跟不上全国经济发展的步伐。再次，对老工业城市的外向型、国际化转轨认识不足与长期固守国内市场的观念，导致在遇到国内市场相对缩小、生产能力过剩或原材料短缺等新形势时感到束手无策，发展陷入困境。

### 三　老工业城市振兴阶段

老工业城市产业转型是一项十分复杂的系统工程，最终目标是把原来功能相对单一的传统老工业城市转型为具有综合功能、充满活力的新城市，实现城市经济振兴、社区发展和生态环境改善及长远的可持续发展。鉴于老工业城市自身发展区位条件的差异性与改造振兴问题的特殊性，在老工业城市产业转型过程中，所形成的针对各个老工业城市改造发展需求的地域性振兴改造途径与措施的组织协作方式。具体来讲，对老工业城市的转型首先要从老工业城市的经济发展水平、国家发展战略与对外开放程度外部环境背景出发，分析老工业城市的国有经济比重、产业结构特点、城市环境质量、工业技术水平与工业组织形式等城市内部社会经济结构特性问题，确定出老工业城市体制改革、产业升级换代、城市空间重构与社会保障制度等关键振兴改造过程，从而总结出老工业城市产业转型模式。

具体来说，老工业城市产业转型不能局限于工业，必须着眼于老工业城市整体功能的改造和完善。应当认识到，老工业城市的功能是由工业和其他产业共同作用而构成的，如果后者的改造与前者脱节，势必成为工业发展的掣肘并影响老工业城市整体功能的发挥。老工业城市发展的相对迟缓，除工业本身的原因外，也与城市基础设施建设和第三产业发展滞后有关。从未来发展的角度看，城市基础设施的现代化建设和第三产业的迅速发展，既是社会主义市场经济的客观需要，也是城市国际化、现代化的必经阶段。如果把老工业城市产业转型的着眼点仅仅放在工业上，片面孤立发展工业，而不重视全面构筑和充分发挥城市的综合功能，就不仅不利于城市经济的全面发展，不利于提高城市的宏观经济效益，而且也影响工业改造的效果，危及工业本身的发展。因此，老工业城市产业转型，必须处理好工业改造与基础设施和发展第三产业的关系。

此外，在老工业城市产业转型实践中，必须处理好“传统产业改造”和“新兴产业发展”的关系。目前，一般认为应通过改造传统产业和开发新兴产业来达到改造振兴老工业城市的目的，其中应把开发新兴产业作为老工业城市产业转型过程中更为重要的一个方面来考虑。换句话说，老工业城市产业转型应以开发新兴产业为主，同时辅之以改造传统产业。然而在老工业城市振兴实践中，应当切实根据老工业城市的实际情况，不可盲目跟风发展新兴产业，老工业城市产业转型要立足于原有优势产业基础，利用新兴技术加大对优势产业的改造力度，使其重现活力，而不可脱离城市发展实际，盲目发展新兴产业。

在当前信息化以及经济全球化背景下，老工业城市产业转型过程已不仅仅局限于第一、第二、第三次产业的简单更替或者工业化进程的推进，产业结构的有序演变在更加广泛的意义上，以高新技术产业与现代化传统产业相结合的区域产业结构体系的建立，以高新技术产业对传统产业现代化改造的拉动作用，推进区域产业结构的知识化进程；以区域内部产业与国际产业融合，承担国际产业分工任务，推动区域产业结构的外向化进程；以区域生态环境特征为背景，构建区域生态保护空间体系，开发产业生态技术，建立绿色产业体系，推进区域产业结构的生态化；以产业发展关系，促进产业的聚集、规模效应的发挥及产业群的形成，促进区域产业结构的区域整合化。

## 第二节　老工业城市工业空间的演变过程

老工业城市的工业作为一个城市的支柱产业，带动了城市的形成和发展，也在城市空间结构演变中起到了决定性作用。一个城市的工业发展水平与该地的城市竞争力有着密切的联系，工业空间结构的合理与否也影响着这个城市的工业经济的综合效益。

中国的老工业城市受历史、政治和自然条件等多种因素的影响，工业经济由近代手工业发展到现在的多种门类齐全的工业体系，其工业空间结构的演变呈现出不同特点。纵观老工业城市工业空间结构演变的历程，可以看出，老工业城市工业布局一般主要沿河流、铁路、公路延伸，也存在如工业区、经济开发区这类相对独立的工业园区，工业布局呈现分散—集中—再分散的模式，从最早在老城区内凌乱布局到在工业区集中布局，再到在中心城区的多个工业园区和工业区，发展集聚经济的集聚分散布局，工业布局呈现单核—多组团模式，随后发展为沿对外联系通道蔓延的廊带化扩张模式。因此，可以将老工业城市工业空间结构的演变大体划分为三个阶段：（1）工业扩散化阶段；（2）工业园区化阶段；（3）工业廊带化阶段。以下通过对不同阶段工业发展重点的描述，总结各阶段工业空间结构演变的特征。

## 一　工业扩散化阶段

新中国成立后，老工业城市工业地位基本确立，以单位为主的工业组织模式奠定了其块状组团的空间形态，主城发展的同时外围乡镇也进入了集聚阶段。在中华人民共和国成立后的恢复和改造过程中，随着工业经济发展的推动，老工业城市的城市空间结构主要受政策制度支配，城市商业、金融、贸易、服务业等城市功能的发展相对落后。城市建城区规模较小，居住空间不足。城镇功能依然单一，多为地方性农副产品加工为主导。到改革开放之前，老工业城市的工业空间一直处于区块化发展，这一时期城市功能空间比较混乱，功能区分不明显。

改革开放至20世纪80年代末，旧城区工厂开始迁出，但由于政策不及时和经济利益的制约，只有污染重、难治理的工厂被强制外迁以外，大多数老工厂还在旧城区生产。另外一些新建的污染小的企业仍在原有工业区设厂或者在交通沿线布局。总体上看，这一时期的工业空间结构的变化存在一种内在的秩序性，但已开始呈现扩散状态。

## 二　工业园区化阶段

随着改革开放给城市发展带来的影响，使各城市都初步进入了城市区域化发展阶段。体制改革与城市发展环境的变化，促使经济发展成为城市空间结构演变的推手。经济总量快速增长推动城市产业聚集与城区空间不断扩张。20世纪90年代以来，随着城市建设速度的加快，各城市成立了高新技术产业开发区，给老工业城市工业空间结构带来重大的变化。因为开发区不再是一两个独立发展的工厂或产业，与以前城市工业用地的零散分布有很大差别。开发区作为一个特定区域内联系密切的有机体，在良好的基础设施和优惠政策的支持下，它可以吸引产业聚集，发展集聚经济，这导致了配套产业企业的搬迁，从而改变了老工业城市工业空间结构。

老工业城市经济发展进入新的阶段，发展方式由粗放型向集约型转变，改变以往以第二产业为主的产业结构，注重第二、第三产业共同发展，工业布局向园区集中，形成园区化的工业空间结构，即形成独立的现代化工业区。现代化工业区的形成使老工业城市的工业空间结构逐渐优化整合，每个工业区在发展自己主导产业的同时，注重延长产业链条，这样，老工业城市旧市区内企业搬迁，工厂在工业园区集中重建，利用级差地价，用土地置换资金，扩大工厂的发展空间。同时，主城区污染严重、资源消耗大的企业逐步迁出，腾出的土地主要发展房地产、金融、商贸、绿化、都市型工业。这一时期，工业空间结构由集中扩展到舒张扩展转变，大规模开发建设工业园区，工业园区快速发展，形成产业集群，产业规模扩大，相关产业集中发展。这一时期的工业布局开始日趋合理，但仍存在工业街区还有一些分散的工业点，与居民区交错布局；新建工业园区和工业街区与城区的距离有些小，随着城市的发展扩大，环境污染问题不能根本解决。

### 三　工业廊带化阶段

老工业城市在加速建设工业区和开发区的时候，由于建设速度太快、规模较大，企业在工业区布局较分散，许多工业点和工业街道凌乱布局在旧城区，整体布局较分散，严重影响城市经济效益。在这一阶段，通过政府规划和市场机制影响，老工业城市工业布局开始向工业园区集中，形成行业和地域相对集中的工业布局。园区内同类企业集中布局，提高规模效应，发展配套产业，提高了经济效益。

在进入21世纪后，中国城市出现了大都市化的趋势。城市郊区化明显，为了获得更好的发展空间，老工业城市的中心城区内部的产业开始向周边城镇疏解转移。此时中心城区的扩张也带动了近域城镇的快速发展；城市空间形态开始由“紧密团状”向“指状蔓延”的趋势。同时，以大型明星企业扩张为带动的产业布局推动了城市外围地区的空间拓展。开发区、高新技术开发区等产业区的建设与城市用地发展相辅相成，共同推进。

随着市区范围的扩大和社会的发展，老工业城市工业空间结构不断调整。老工业城市市区内老工业企业开始迁入工业区内，逐渐远离市区，新厂址扩大了企业的发展空间。企业搬迁腾出的土地，在发展第三产业的同时，重点发展了污染少的都市型工业，提高了市区工业用地利用效率。目前经过调整，老工业城市郊区工业集聚明显提高，除了都市型工业区外，其余的工业园区和工业区均位于城市周边原近郊区甚至辖县，形成郊区化的布局形态。

老工业城市积极推进城市区域内的产业分工、协同发展，调整产业布局，引导传统产业向周围郊区、县市转移，以改变城市中心功能过于集中的现状。城市空间发展除着力打造主城区产业聚集区外，还建设发展了产业聚集带。这些产业集聚带的发展改变工业区布局分散现状，形成一个城市工业布局的新密集区。它不但承接了城区内有污染的企业，在减少了城区内环境污染的同时还优化了城区的工业空间结构。更为重要的是，这些新工业密集区以都市型工业为主，区内是城市的政治、金融、交通和科技中心，但由于之前政府“退二进三”政策的开展，工业基础变薄弱，加快都市型工业建设成为城区发展的重点。

## 第三节 老工业城市产业转型影响因素

老工业城市产业转型影响因素主要由经济因素、政策因素、创新因素和资源环境因素构成，它们在推动城市产业转型过程中发挥着各自作用。经济发展是老工业城市产业转型的首要影响因素，其中，经济全球化进程中的国际产业转移使老工业城市成为产业转型的主要承接地。国内经济结构调整带动了老工业城市产业结构的升级与改造，为老工业城市产业转型提供了难得的契机。此外，大规模的城市更新改造也为老工业城市产业转型提供了发展空间。政策变化是老工业城市产业转型主要影响因素之一，其中包括国家区域发展政策变迁、城市空间发展政策改变以及城市土地使用制度改革，它们为老工业城市产业转型提供了政策方面的支持和帮助，在一定程度上影响产业转型的发展速度。创新因素是振兴老工业城市的关键所在。振兴老工业城市，必须以观念创新为先导、以产权制度创新为核心、以科技创新为动力。只有进行传统体制改造、技术升级改造和文化观念改变，实施全方位创新，才能使老工业城市在新的历史条件下重焕生机和充满活力。此外，资源环境也是老工业城市产业转型过程中不容忽视的影响因素。老工业城市多数是资源相对富集的城市，面对日益突出的资源枯竭和经济增长、环境质量下降、生态恶化与城市人居环境改善间不断强化的矛盾，如何为城市经济发展和城市生态环境建设做好资源环境保障服务，使得资源环境保护成为保证城市经济可持续发展的战略性措施和重要途径。

### 一 经济因素

#### （一）国际产业转移

经济全球化的趋势不断加强，产业转移是全球化的一部分，是社会分工发展到今天的必然结果，也是当今世界经济发展、全球经济产业结构优化整合过程的重要特征。经济全球化打破了分工的国家边界，促进了分工在全球的发展。国际间产业转移是促进国际分工的一种重要推动力量。国际间产业转移是指发达国家或地区的企业按照区域比较优势原则，通过跨国界的直接投资和国际贸易方式，把部分产业的生产、销售甚至研发转移到发展中国家和地区，从而产业的空间分布表现出该产业由发达国家向发展中国家转移的现象。[①] 具体来说，以信息技术为主导的高新技术迅猛发展，全球经济的产业结构和区域结构正在进行重大调整。西方发达国家进入新的发展阶段，产业结构、技术结构、就业结构都在进行调整，致力于更高技术、更高附加值产品的开发和制造，并进一步退出传统的工业领域。发达国家人口整体素质高，工资高，发展传统工业招收工人成本高，难度大。而在经济全球化的背景下，它们的这方面需求可以依靠发展中国家来填补，因此传统工业必然向劳动力资源丰富、成本较低的发展中国家转移。考虑到有些发展中国家的市场潜力大，劳动力价格低廉、素质较高，现代制造业正向发展中国家梯度转移。这种世界范围内的结构调整力度在不断加大，产业转移和升级步伐在不断加快，这为我国最大限度地参与国际间资源分配提供了大量机会。

与20世纪产业转移不同，目前产业转移的主流是比较复杂的成熟技术、资本密集型制造业以及高新技术产业中劳动密集型工序和非核心技术的零部件或配套产品。这些年来，我国经历了以轻纺工业、重化工工业为重心的发展阶段，正在进入以较高技术含量和附加价值的加工组装制造业为重点的发展阶段。近年来，加工制造能力向我国转移较多的行业包括家电、计算机、移动通信等，与我国原有的一些具有优势的加工行业相比，技术含量和附加价值都有较大提高。产业结构是在各国经济发展的长期进程中形成的，并随着不同的发展阶段、科技进步、国际环境的变化而不断地进行调整。从全球产业结构调整的走势看，一批有较高技术含量和附加价值的加工组装产业也会向我国转移。在这一阶段，我国可以提供加工组装制造业所需要的资本、劳动力（特别是技术人员和熟练劳动力），利用有较高水平且相对成熟的技术，生产出技术含量和附加价值逐步提升的产品。按照一般规律，产业结构升级，装备工业必须能提供现代化装备；产业结构调整，装备工业必须先行。老工业城市应当成为我国产业装备的基地，

① 刘卫华：《分工的动力机制与产业组织演进》，《河南理工大学学报》（社会科学版）2007年第8期。

因为老工业城市的产业结构特征和技术基础对承接新一轮国际产业转移具有突出的优势。目前经济全球化进程中的产业转移主流是重化工业，老工业城市中重化工业多为基础产业，因此具备了承接产业转移的重要条件。

国际产业转移的最重要特征是以跨国公司为主体。跨国公司以其雄厚的经济实力，以及在全世界配置资源和开拓市场的优势而成为全球化过程中国际产业转移的主要承担者。对于各国（公司企业）来说，融入跨国公司既可以在经济全球化中得到更大发展空间，实现资源的优化配置，也可以使自己处在一个范围更大、对手更强的竞争环境中。对于跨国公司自身而言，为谋求自身发展，推行全球化战略，在劳动力的国际分工发生根本性变化的情况下，从全球的角度组织生产运营，将各国的优势企业纳入生产经营范围是切实可行的。我国的国有企业过去是参与国际竞争的主力，今后仍将在经济全球化过程中发挥非常重要的作用。特别是老工业城市，这个特定的经济活动空间，其过去以自身的资金和技术优势著称，现在我国大部分老工业城市中的国有企业仍停留在不发达的工业时代，现代企业制度远未建立，企业内部经营机制也没有根本好转；从技术水平来说，国有工业企业的技术装备水平大约落后发达国家15—20年，重点企业的关键设备接近或达到国际先进水平的仅占15%，而且大部分是引进技术；至于管理水平则更加落后，目前许多企业尚处于经验管理阶段，真正达到科学管理和现代管理水平的企业为数甚微。① 在融入经济全球化主流，国有企业参与国际竞争的过程中，伴随企业兼并浪潮的发展，国有企业将加速改组，突破工业时代制度和组织的局限，努力实现“企业再造”。

### （二）国内经济结构调整

21世纪以来，我国经济进入快速发展时期。经济结构的战略性调整主要体现在以下几个方面：一是经济结构调整的内涵是实现经济增长方式由粗放型向集约型转变。技术结构创新是实现增长方式转变的基本手段。二是经济结构调整的定位是产业升级型的调整，即通过理顺技术创新机制以及引进技术与吸引新技术机制，增加技术创新能力，实现产业结构升级与产品更新换代。三是经济结构调整的基础是存量结构调整。即为了消除计划经济体制所造成的僵化结构，重点对存量结构调整。存量结构调整的主要内容是对现有的产品结构和企业组织结构进行调整。这三个方面都必

① 刘晓滨：《经济全球化与国企改革》，《中国石油和化工》2000年第8期。

须依靠技术进步和增长方式的转变才能实现。在信息化条件下，工业技术水平不断提高，高新技术产业产值在工业结构中的比重不断增加，信息技术带动了城市产业结构转换与升级。

老工业城市是经济结构调整最为迫切的地区。老工业城市在国民经济发展中，特别是“计划经济”时期起过重大作用。改革开放以来，少数老工业城市顺应市场化改革的趋势发展较快，但大多数老工业城市没有得到很好改造、发展较慢，其中有的还显现出衰落的景象。很多老工业城市普遍存在许多亟待解决的问题。如国有经济比重过大，非国有经济特别是民营经济明显不足；老企业、老产品多，技术装备落后，产品质量差，竞争力弱，城市服务和带动能力弱；第三产业发育不充分；资源型城市产业结构单一，资源趋于枯竭后缺乏替代产业。这些问题给老工业城市带来的后果是经济增长乏力，下岗工人增多，就业压力大，居民生活水平提高缓慢，社会问题比较突出。振兴老工业城市不仅是这些城市本身发展的迫切要求，也是我国经济社会协调发展的迫切要求。

我国正处于传统产业结构调整和技术升级的关键时期。新一轮设备更新将引发国内对装备制造业的巨大需求，同时我国多数城市地区已进入大范围的城市基础设施改造建设时期，这将带动相关产业的快速发展，促使生产要素向老工业城市快速流动。目前，国家对以资源开采为主业的城市和地区的发展，也给予了极大关注，并列入了重要的议事日程，这些都为老工业城市的发展带来了契机。老工业城市也以其较为雄厚的工业基础资源、区位和劳动力成本等优势，为吸引外资，承接国内外产业转移和新一轮经济的发展获得了先机。对老工业城市来说，一个全面启动和快速发展的时机已然到来。

（三）城市更新改造

城市更新改造包括大规模旧城改造和开发区建设。旧城改造是为了使旧城区恢复城市发展中的固有活力，发挥应有的作用，达到改善生活质量与环境、振兴城市经济、推动社会进步的目的。旧城改造主要包括旧城区人口疏散、经济社会结构调整、设施更新、环境改善、建筑形体空间的再创造以及人文感知空间塑造的内容。[①] 老工业城市因其为服务工业生产而

① 邹德斌：《城市建设中的旧城改造与新区开发》，《沈阳建筑工程学院学报》（自然科学版）2002 年第 1 期。

建成，城市空间结构不尽合理，密集的城市中心区（旧城）聚集了过密的人口和过多的工业，导致环境污染严重。长期以来，老工业城市又受困于城市发展建设方针及资金短缺等因素影响，发展过分强调生产，对居民的居住和生活环境质量重视不够，致使大多数旧城区的基础设施落后，负荷超重，住宅建设缓慢，房屋破旧，质量较差等。这些问题都严重阻碍了城市经济结构的转型与升级，使老工业城市不能更好地适应城市功能结构的完善与发展，影响城市效益的充分发挥。大规模的旧城改造成为目前解决问题的重要途径。旧城改造过程中需要调整城区的空间布局，过量的人口需要疏散，布局不适宜的工厂企业要迁出，不足的公共建筑要增设。

随着城市人口膨胀，城市各类产业的增加，扩大城市规模，对城市功能的必要完善与适度更新，会受到城市承载力的必然制约，开辟新城区同样成为目前一个重要问题。于是，城市为寻求发展，就要扩展生存空间，进行新区开发，为旧城改造创设人口、产业等功能性迁移的外部条件，以提高城市经济社会的综合承载力。老工业城市中常见的两种新区，即高新技术产业开发区和经济技术产业开发区。它们的开发均着眼于城市发展的直接经济效益。老工业城市，大中型企业密集，是其显著特点。在目前这些企业不景气的情况下，利用新建开发区，实行易地嫁接改造，是推动大中型企业改造的优先选择。开发区或新工业区作为城市区位更新的有力措施，通常具有体制新、经营环境宽松；政策优惠、税负轻；配套条件好、易于建立新的生产技术联系；管理服务体系健全、观念新、工作效率高；以及信息灵通、机会多、外向化程度高等特点。这些特点是高级化的新型企业不可缺少的，而且开发区一般说来基础设施好、余量大；外缘空地多、发展空间大；聚集企业的速度快，容易形成聚集体；创新风气浓，企业管理与开发模式新。这些条件是企业改造、更新、创新和持续发展所必需的，又是企业单靠自身努力难以形成的。在扶持企业异地搬迁的同时，开发区通过帮助企业进行改制重组、建立技术中心、加大技术改造投入等方式，使其达到机制新、技术装备新、产品新的“三新”目标。[①] 此外，随着我国经济的快速发展，老工业城市产业结构的不断调整，其成为吸纳国际产业转移的桥头堡，区际产业转移、城乡产业转移的步伐不断加快。老工业城市，尤其是城市中各级各类开发区就更加具备承载产业转移的优

① 刘海燕：《开发区是承接产业转移的载体》，《辽宁行政学院学报》2004 年第 6 期。

势。开发区是城市政府用以接受外商直接投资和接收从中心城区转移出来产业的重要空间形式，其作为新的空间增长中心，有必要提升综合竞争力。

## 二　政策因素

### （一）国家区域发展政策变迁

国家区域发展政策是国家在一定经济发展时期，立足于国家总体发展方针和区域经济发展态势，根据国家经济发展需要，并针对区域发展中存在的问题，设计、制定旨在促进各区域经济发展的一系列政策措施。[①] 自中华人民共和国成立，在三年经济恢复时期（1949—1952 年），国家为改变旧中国遗留下来的生产力分布不均衡状况，把一些工厂迁移到接近原料的地区。在第一个五年计划期间，利用改造和扩建了原来的工业基地，建立了新的工业基地，进行了以 156 项重点工程为中心的工业基本建设。这些基本建设项目多在内地，其中，近 4/5 布局在中西部地区。这样，在全国范围内，一些工业城市的基础得以奠定。在第二个五年计划中，考虑到在全国各个地区适当布局工业生产力，使工业企业接近原料、燃料的产区和消费地区，并充分考虑巩固国防的原则，对已有的工业基地又进行了补充调整。出于对 50 年代末国际环境恶化和备战的考虑，从 60 年代中期开始，国家区域政策着重加快三线建设，逐步改变工业布局，确定处于内地的“大三线”地区为国家投资重点，每个省区建设重点又都要放在各自的“小三线”地区，即向内地倾斜的态势。这一时期是国家对中西部地区援助力度最大的时期，使中西部地区经济得到快速发展，基本上建成了以国防工业为重点，交通、电子、化工为先导，交通、电力、钢铁、有色金属等为基础，门类齐全的工业体系，使中西部地区工业落后的状况有了很大的改观。纵观改革开放前近 30 年国家区域发展政策，除了受自然地理环境基础差异的制约和影响外，主要受计划经济体制与地缘政治环境因素的制约和影响，国家把投资重点放在社会经济落后的内地，大批重点项目西移，老企业和科研机构内迁，使中西部地区在较短时间内奠定了工业化基础[②]，出现了一批支援国家经济建设的工业城市。

---

① 郭腾云、陆大道、甘国辉：《近 20 年来我国区域发展政策及其效果的对比研究》，《地理研究》2002 年第 4 期。

② 王荣科：《我国区域发展政策的回顾与展望》，《安徽大学学报》（哲学社会科学版）2002 年第 3 期。

改革开放以后，我国经济体制、经济运行机制与经济发展战略发生了重大改变。经济体制逐步由传统的计划经济向有计划的市场经济体制转变；经济运行机制由高度集中的计划调拨模式向有计划的市场经济模式转变；国民经济所有制构成由原来单一的公有制转变为国有、集体、私有、合作经营和外商独资等多种形式，包括国民经济构成多样化、经济行为主体和投资渠道多元化；经济发展战略从优先发展重工业，注重外延扩张与追求增长速度转变为优先发展轻工业和第三产业，并倡导内涵型、集约型和科技先导型发展模式；实行由沿海地区率先对外开放逐步过渡到全国对外开放，积极推行引进国外资金与先进技术，发展新兴产业，改造和更新传统产业。① 在这种背景下，我国区域发展政策发生了重大变化，投资与生产力布局重点向东部沿海地区转移，实行向沿海地区倾斜的投资与经济发展政策。改革开放之初，国家主要在东南沿海一带实行对外开放，对沿海地区给予了大幅度减税让利、加大投资力度等多方面的优惠政策。相比之下，大部分地处内地的老工业城市享受不到这些政策。而且，老工业城市在旧的市场分工体系中多处于提供原材料的地位，这类产业在国家价格改革中放开较晚，属于价格和利润较低的行业。而能带来较高附加值的加工工业主要集中在东南沿海地区，老工业城市仅为后者的扩张提供市场，这种商品交换关系无疑又造成本来就相对紧缺的资金、人才大量流向东南沿海地区，致使我国老工业城市经济增长乏力，就业更加萎缩。② 20 世纪 90 年代以后，国家相继提出“西部大开发”、“中部崛起”和“振兴东北老工业基地”经济发展战略，这些战略的提出使在东北、西北、西南等地区，以能源、原材料和机械制造工业集中的老工业城市和粮食、煤炭、石油等资源富集地区为依托所形成若干重点产业区，在区域经济发展中再一次起到经济重心的作用，并在老工业衰落、新兴经济形成的时期，通过构造城市新的经济增长点，培育和发展新兴产业和产品，引进技术和利用外资，达到产业结构优化，调整改造老工业城市的目的。

（二）城市空间发展政策改变

城市空间发展政策，主要可以从以下方面考虑：在城市功能方面，老工业城市建立之初，工业活动是城市建立发展的主导因素，工业发展是其

① 郭腾云、陆大道、甘国辉：《近 20 年来我国区域发展政策及其效果的对比研究》，《地理研究》2002 年第 4 期。

② 刘素华：《我国老工业基地失业问题初探》，《经济体制改革》2000 年第 2 期。

市适应经济国际化要求的制度保障。企业制度创新可以减少信息成本和不确定性，提高生产要素配置效率。企业制度创新，基础是产权制度的创新。加快推进国有经济的布局和结构的战略性调整，国有资本要退出竞争性领域，集中有限资源向关系国家经济命脉和国家安全的重要行业、关键领域、优势企业聚集。同时鼓励、支持和引导非公有制经济发展，培育市场竞争主体，激活市场竞争机制，充分发挥个体、私营等非公有制经济在产业结构调整、促进经济增长、扩大就业和活跃市场等方面的重要作用。提高国有资本的质量，弱化国有资本在私人产品提供方面的投资并大力强化其在公共产品提供方面的投资，发挥市场配置和民间资本不可替代的优势作用。在推进国有经济战略调整中，在微观层面上，以国有大中型企业改革为重点，建立现代企业制度，同时鼓励私人资本和外国资本进入竞争性领域兼并、重组国有企业，这无疑在一定程度上对老工业城市产业转型起到了推动作用。

（二）技术升级改造

经济发展必然伴随着产业结构转换，产业转换能力是经济发展能力的主要因素。特别是老工业城市虽然存量大，但如果后续产业的发展不能弥补旧产业的衰退而形成经济萎缩，则势必发生产业空洞化。解决老工业城市发展面临的传统产业竞争力下降、产业结构性矛盾突出、新兴和高技术产业发展缓慢滞后、发展活力不足等问题，必须走科技含量高、经济效益好、资源消耗低、环境污染少、人力资源优势得到充分发挥的老工业城市振兴之路。技术创新是改造和振兴老工业城市的动力。因为高新技术及其产业对传统产业有很强的渗透作用，高新技术产业不仅本身提升了产业结构水平，而且高新技术产业化使得所有受到高新技术渗透的传统产业的内部结构都得到提升，从而全面提升整个传统产业的结构。只有大力发展、利用高新技术，提高技术创新能力，解决产业关键性技术、核心技术，提升产业技术水平，才能从根本上转变“高投入、高消耗、高排放、不协调、难循环”的外延式经济发展模式，才能整体上实现产业的结构优化升级，提高产业的竞争力和发展活力，促进产业的长远发展。①

走新型工业化道路，做大接续产业，培育替代产业是改造传统产业的

① 张志忠、岳顺之：《创新——经济全球化背景下老工业基地的抉择》，《山东理工大学学报》（社会科学版）2006年第3期。



用地增长的主要驱动因子，因此城市功能比较单一。随着城市工业、商业、交通等的发展，城市功能逐步综合化。老工业城市城区的发展，主要表现为商业用地、交通用地和工业用地的扩张。具体来说，随着城市人口的快速增长，城市作为生产及商贸中心的城市功能逐步增强，新征土地主要以工业和房地产开发为主。进入90年代以后，第三产业的发展使老工业城市的生产服务性功能进一步增强，成为生产性服务中心。城市空间扩展上表现为，中心城区以用地置换为主，由城市混合中心向以第三产业为主的商业、金融、信息、文化娱乐中心转变，城市建设用地中第三产业用地比重上升，空间集约度提高；边缘城区则向外围进一步扩张，用以承载中心区转出的生产、居住、科技开发等功能。同时，在老工业城市进行产业结构转换过程中，对城市的人口和就业政策也提出一定的要求。因为产业升级转换意味着需要有大量的从事高层次产业的从业者，这些人员在短时间内要达到一定的数量并达到一定的技艺水平，并在未来的一段时期内能够获得不断地补充，对于绝大多数老工业城市而言，这部分人口需大量引进，而城市中原有的居民，尤其是过去从事低层次产业的劳动者将失去就业岗位，但他们向新的岗位的转换则面临教育、能力水平和技艺等方面的困境，这些人就有可能沦为城市贫民，这就带来了社会安定、社会秩序等方面的问题。所以，有关城市发展功能政策方面一定要考虑到相关联的各个方面的问题，使城市稳定、有序地发展。

此外，在城市结构布局方面，城市结构布局是城市功能的直接反映，更直接地说，是城市功能实现的物质基础。① 工业发展对老工业城市的空间扩展最显著的是“一五”和“二五”时期，国家重点投资了许多规模巨大的现代化工厂，开发了大片的工业基地。这些重点企业大多在城区范围内建设，布局相对分散，加上为这些大型企业配套建设的许多相应规模的居住区，使它们成为城市空间扩展的重要生长点。进入20世纪60年代中期以后的二十年里，工业建设发展缓慢，工业发展基本以原有的工业区为主。此外，随着地方区、街工业的不断发展，在旧城边缘和近郊又陆续形成一些比较集中的工业点。因此，这一时期的空间扩展主要在原有工业发展基础上自发地向外蔓延，以渐进模式向外扩展并集聚发展。改革开放以后，我国对城市现有工业区进行配套调整建设，尤其在20世纪90年代

① 陶文达：《发展经济学》，四川人民出版社1992年版，第88页。

以后开始大力发展高新技术产业，在城市内部大片兴建工业开发区，它们在宏观上决定了城市用地的扩张速度，在微观上决定了城市用地的结构形态，工业用地向外伸展，并带动居住用地和仓库、交通设施向外扩张。在这种情况下，城市空间扩展打破了原有模式，不再一味沿旧城区连续性蔓延发展，而是以飞地式模式向外扩展，开发区成为远离主城的规模巨大的飞地和综合组团，使得城市空间扩展既体现在城市的连续外延渐进发展，也体现在以开发区为中心的飞地式发展。

（三）城市土地使用制度改革

长期以来，我国城市土地实行行政拨划、无偿使用，禁止土地使用者转让的土地制度，这种制度忽视了城市土地的商品功能，导致城市土地使用的低效率和土地收益大量流失。自 1980 年起，我国开始进行全面经济体制改革，土地使用制度改革是经济体制改革的重要组成部分，其主要内容是变城市国有土地无偿、无限期、无流动使用为有偿、有限期、有流动使用。[①] 我国土地使用制度改革始于 1987 年。1988 年，国家通过宪法修正案，进一步明确土地使用权可以依法转让，标志着土地有偿使用制度全面推行。土地所有权与使用权的分离是土地制度改革的第一步，随着土地有偿使用制度改革的深入，国家相继推行了国有土地使用权出让制度，土地收购出让储备制度，经营性土地使用权招标、拍卖和挂牌出让制度，土地供给的市场化程度日益提高，建立了土地的收购、储备、出让的一体化制度。[②] 到了 90 年代，我国各大城市纷纷开展土地的分级工作，制定不同等级和类别的土地基准地价。土地作为生产要素开始在市场上进行使用权交易。城市土地使用制度的改革，实际上是把市场机制引入城市土地的使用过程，开放了城市土地的市场，这无疑给城市建设和发展、城市土地的合理利用与开发带来了新的契机。

作为市场机制的结果之一，城市土地有偿使用制度的改革导致城区土地“退二进三”式的功能置换，城市中心区必然被商业贸易、金融等第三产业和高效率无污染、占地少而能竖向发展的少量第二产业集聚，以此逐渐减少工业用地。广大的工业企业则倾向于在地价相对低廉、用地空间较大的郊区地带发展，以便获得更大的经济效益，尤其是对于濒临破产或

① 张再生：《试论城市土地使用制度改革与土地市场问题》，《经济问题探索》1996 年第 4 期。

② 许骏：《关于我国土地出让制度的思考》，《四川建筑》2005 年第 6 期。



效益不佳的企业来说，更是如此。在老工业城市，基于不影响工业必要发展前提下，尽量降低工业用地的比例，调整增加道路用地、住宅用地和绿化用地等内容；优化土地资源空间配置，建好特色工业区，鼓励和支持各类企业特别是省外国外大企业、大公司迁移落户工业区；降低企业搬迁成本，促进工业企业向工业园区集中。在对老工业城市中心区污染工业迁出过程中，对中心区的企业，给予优惠政策，充分利用土地价格机制配置土地资源，加强核心区商业、服务业土地的有偿使用力度，这无疑对老工业城市土地因素的限制性有一定程度的缓解。

## 三 创新因素

（一）传统体制改革

改造传统体制，就是指在新的基本体制的框架下，脱离原来的制度运行轨道，超越一个或几个正常的制度发展阶段，在承担较大风险和改革成本的条件下，争取获得较高的制度利益，达到阻止制度退化或者抢占制度变革的领先者地位的目的，以此来创造老工业城市发展更好的体制环境。[①] 改造传统体制的实质，就是改革不适应生产力发展要求的生产关系和上层建筑中的体制弊端，建立和完善适应生产力发展要求的制度以及运行机制。制度创新是改造和振兴老工业城市的核心，这可以从政府职能、推进国有经济的战略调整和国有企业战略重组等方面加以考虑。

我国老工业城市是在传统的计划经济体制下发展起来的。老工业城市的政府职能同市场经济的要求相差甚远，一些部门习惯于依赖行政手段解决经济生活中出现的问题，不善于运用市场经济的办法加以调节，政府职责界定不清，包揽社会事业的状况尚未根本改变。另外，老工业城市的行政体制重管理、轻服务，造成政府干预过多，管理职能挤占服务职能、自我监督低效；资源配置过多依赖行政手段，造成资源严重浪费；一些执法部门的自由裁量权过大，这些都阻碍了市场机制发挥作用。由于政府是市场化制度供给主体，政府如果不转变职能，市场化改革就难以进行。在城市产业转型过程中，必须充分发挥地方政府在制度创新上的重要作用，其关键就是要转变政府职能，通过诱导方式推动市场化制度创新。

市场经济的主要特征是竞争，企业改革的本质是创新。因此，建立一种最能增强员工凝聚力、最能适应市场经济发展的企业制度，是老工业城

① 唐坚：《老工业基地改造与振兴若干问题》，《社会科学》2004 年第 4 期。

根本途径。改造传统产业，是指适应市场需求的变化，通过产业技术创新、管理创新和市场营销创新，整合生产要素，推动产业结构升级换代的演进，构建新的支柱产业，形成现代经济优势。[①] 产业接续始终是改造传统产业的主战场。在老工业城市改造实践中，一些原来认为只能生产初级产品的产业，经过先进技术的改造，实现了由原来的初级加工向深度、精细加工的延伸和接续，增长了产品链，提高了产品附加值，从而改变了城市经济地位。接续产业通过对传统产业实施技术改造，提高产业技术装备水平，实现升级换代。除接续产业外，培育替代产业，也是老工业城市产业调整的必然选择。替代产业之所以能替代落后产业，是因为它能适应市场和消费结构的变化，可以较快发展成为新的支柱产业，从而解决老工业城市发展的后劲问题。替代产业是新兴产业，或国内外梯度转移的新产业，大多是高新技术产业。老工业城市发展到一定阶段以后，传统产业已经不能支撑城市的进一步发展，必须培育新兴产业，形成新的产业门类，逐步替代传统的落后产业。特别是单一类型的资源型城市，更要注重经济转型、复合结构和可持续发展。

### （三）文化观念转变

改造和振兴老工业城市，是国家发展的重要战略机遇和转折点，也是老工业城市本身又一次新的创业。这次创业的实质，是老工业地区从传统工业社会向新型工业社会的深刻变革，是其从计划经济向市场经济的深刻变革。老工业城市的落后表面是经济上的落后，探究其深层原因，则是思想观念上尤其是文化上的落后。作为老工业地区的第二次创业，需要一种新的创业文化作为其内在驱动力。

老工业城市，曾为新中国的建设提供了强劲的物力支持，有着丰富的历史人文思想。这种思想长期积淀的结果，既为人们提供了丰富的思想内涵，同时又形成了顽固的思维定式和心理定式。由于长期受计划经济的影响、束缚，老工业城市的文化是计划性、指令性、统调性的传统模式。人们虽然较多地受到了工业文明的熏陶，但却形成了人人有单位、人人有饭碗的局面，这也使得人们养成了等、靠、要的心理，缺乏主动的创造精神。职工依赖企业、企业依赖国家，在这种心态下，“下岗”就成了个人最大的不幸，相当多的下岗职工不是积极寻求再就业，而是依靠低保维持

① 唐坚：《老工业基地改造与振兴若干问题》，《社会科学》2001年第1期。

生计。

在计划经济时代形成的特质文化已成为老工业城市发展的主要障碍。创业文化是清除障碍、推动社会经济快速发展的原动力。我国从计划经济到市场经济的转变，正在改变着人们的思维。老工业城市的改造和振兴，必须根除计划经济意识，重新塑造市场经济意识，引导人们积极投身到振兴老工业城市的创业活动中来，同时也使人们的生产方式和生存方式从依赖性、从属性，向主动性、创造性上发展，最大限度地发挥人们的主观能动性和主观创造性。①

此外，在经济全球化格局中，很多老工业企业都难以参与世界市场的竞争。具体来说，从物质层面上看是工业生产自身的问题，从文化层面上看，则是以工业文化落后牵引的科技、管理、观念等诸多方面的文化落后。加之在老工业城市中，企业的振兴是其振兴的关键。文化是社会发展的重要力量，更是企业发展的推动力。企业文化必须与企业发展同步进行，即在企业发展的同时，企业文化也需要得到相应的升华甚至要部分领先于企业发展。② 现代的企业文化应重视企业文化主体的企业文化观念、文化实务的培养，也就是对企业的决策者、管理者、生产者的实践精神、实践能力的培养，这对于工业企业提高文化具有决定性的作用。因此，在老工业城市改造中，作为产业转型微观主体的工业企业，其主体力量的正确选择、培养与使用，是关系到这种改造和振兴能否真正全面实现的决定性条件。③

### 四　资源环境因素

#### （一）土地资源的优化配置

城市土地是一种数量有限、不可再生和不可替代的稀缺性资源。城市是第二、第三产业集聚的地方，是一定区域政治、经济、文化生活中心，土地不仅是宝贵的资源，是城市赖以生存和发展的物质基础，也是具有巨大经济效益，能不断增值的社会资产。城市经济活动、市政建设和人民生活都离不开土地，因此，城市土地和城市人口、城市经济紧密相关。老工业城市的土地配置由于受以前“先生产，后生活”观念的影响，很大程

① 包忠明、左静艳：《创业文化与振兴东北老工业基地》，《行政与法》2004 年第 9 期。

② 唐志丹、西凤茹：《老工业基地国有企业文化的沉淀分析与优势发挥》，《科技进步与对策》2005 年第 7 期。

③ 王向峰：《从文化视角看老工业基地振兴》，《理论界》2004 年第 2 期。

度偏向工业用地而削减了生活用地，致使工业用地面积过大，比例偏高；工业用地又过于集中在城市中心区，特别是城市中的许多土地仍然被一些技术陈旧、经济效益低的企业所占据，土地集约利用程度不高，工业与其他性质用地混杂，与市中心的性质不符；再者，市政用地和城市公用设施用地也不足，城市核心区居住用地负荷过重。因此，老工业城市的土地资源配置不尽合理，产值低、土地的综合效益低等问题尤为突出。对于人地矛盾突出的老工业城市来说，随着城市的振兴、经济的发展、人口的增加，各类建设用地的需求将会给城市土地供应带来更大的压力，仅靠新增用地发展城市建设既是不合理的也是不可能的。土地资源的优化配置，成为城市土地制约因素中需要考虑的一个重要方面，它不但可以有效地解决城市土地压力问题，还可以确保老工业城市的发展空间。

老工业城市改造工作重点和核心是国有企业改革。一般来说，结构调整、制度创新和技术改造等被认为是国有企业改革工作的主要内容。但由于我国国情特殊，国有企业改革必须要支付巨大的成本，在国家和政府不可能向企业支付巨大改革成本的情况下，同时由于当前我国城市化迅猛发展及土地制度改革等因素的影响，企业所占有的土地成了其主要的甚至是唯一的“财产”。在这种情况下，土地处置也成为国有企业改革的重要方面。① 国有企业的土地是一种特殊、稀缺、宝贵的国家资源，因此，老工业城市国有企业改革涉及的土地处置问题也成为城市土地制约因素的一个重要方面，其主要体现在国有企业的破产或者产业结构调整搬迁过程中。② 为了城市发展、产业结构调整和国有企业改革等，对国有企业的土地进行集约化综合再利用及规划管理，指导具体的用地置换和规划调整工作，以便于更好地促进老工业城市国有企业改革目标的实现。

（二）能源原材料的开发利用

随着我国经济进入高速增长期，资源对经济发展的制约也日益显著，加之全球范围内的石油、电力、天然气、原材料等资源供应紧张，能源价格上涨，导致企业成本不断提高，产品的市场竞争力不断下降，从而使得资源供求问题成为制约城市经济发展的主要瓶颈之一。老工业城市，多数

---

① 李浩：《对老工业基地国有破产企业土地处置工作的改革建议》，《现代城市研究》2003年第2期。

② 李浩：《老工业基地改造过程中国有破产企业土地处置问题研究》，硕士学位论文，重庆大学，2005年，第65页。

是资源相对富集的资源型城市。作为资源型城市，由于资源的天然禀赋是导致这类城市产业产生发展的主要原因，因此城市兴衰与资源的可开采储量和产业结构提升过程中的市场竞争地位密切相关，并在一个相当长时间内主导这类城市的发展。许多在工业化早期依靠资源优势发展起来的老工业城市，经过多年大规模开采，随着资源枯竭而迅速趋于衰落。主要表现为：首先，城市资源工业资金投入不足。在城市经济体制改革过程中，资源工业的体制改革相对滞后，相应的能源价格改革也相对滞后，并且能源工业缺乏吸引外资的能力，自身又缺乏自有资金的积累，从而导致资源行业的发展不能适应城市经济高速发展的需要。其次，城市资源利用效率低，单位产值能耗高，这些都加剧了城市资源供求短缺的矛盾。再次，大多数老工业城市目前仍然沿用高消耗、高能耗、高污染的“三高”粗放型发展模式，导致环境污染严重，生态环境恶化。面对日益突出的资源状况恶化和城市经济长期可持续发展约束，老工业城市采取调整产业结构，对缓解资源供需矛盾，加快城市经济发展，将起到重要作用。

传统的劳动地域分工以区域发展优势、特别是资源优势的发挥为基本前提，因而一个地区的产业结构特征与其资源结构关系十分密切。① 相当多的老工业城市中，许多产业因资源而兴，许多城市因资源而立，资源开发有力推动了地方工业和城市的发展。虽然经过长期的发展使得产业结构有所变化，但总体趋势是资源依赖的路径在不断强化。城市中主导产业的发展仍与当地资源优势密切相关。从发展优势和趋势看，资源型产业在一段时期内仍占据重要地位，这符合经济发展的基本规律和产业结构逐步调整的客观规律。② 从就业角度来看，资源型产业在历史发展中吸纳了大量的劳动力就业，资源型产业仍在这些地区承担吸纳就业、促进社会发展的任务。此外，为适度控制资源的开发规模，加强产业链的建设，强化资源的深度加工与利用，通过技术进步、产业结构调整以及布局机构调整，逐步降低经济发展对资源的依赖，这也是未来老工业城市在面对衰退产业情境下找出最佳综合重组点，并加速改造、振兴城市经济的关键。

---

① 樊杰、曹忠祥、吕昕：《我国西部地区产业空间结构解析》，《地理科学进展》2002 年第 4 期。

② 金凤君主编：《东北地区振兴与可持续发展战略研究》，商务印书馆 2006 年版，第 78 页。

### （三）生态环境的改善保护

产业结构是人类作用于生态环境系统的主要环节，它的组合类型和强度很大程度上决定了经济效益、资源利用效率和对环境的胁迫。① 工业革命带来的现代工业文明曾极大地促进了社会发展，然而传统工业化模式的弊端也带来了全球性的生态危机，使工业生态化成为必需。能否合理、充分、节约地利用资源，减少污染物排放，运用生态理念重组工业经济结构，也是工业生态化转型的关键之一。② 由于历史原因，我国相当多的老工业城市，在经济建设中发挥了巨大的作用，但城市中大多数工业企业在利用资源时仍沿袭传统的粗放型生产模式，重视产品的生产而忽略其他因素。工业企业粗放型的生产模式虽然使城市自身经济得到发展，但工业污染很严重，大量污染物无处理排放，并且资源利用水平不高，这不仅严重污染了环境，而且浪费了大量的物质资源。因此，这种粗放型发展模式，使能源、原材料消耗迅速上升，大大加剧了环境污染负荷，以资源高消费、环境高代价换取的经济繁荣，已不能适应当前形势的要求，这成为老工业城市可持续发展的主要制约环节。

此外，老工业城市以工业生产为中心的城市发展模式，不仅消耗了大量资源，造成环境污染对城市居民生存环境的严重威胁，过高比例的生产用地也挤占了园林绿化用地、公共设施用地，特别是存在一定数量的污染性工业，对城市生态环境质量造成较大威胁，加大了城市生活配套设施的建设难度，基础设施负荷沉重，社会、生态效益较低，严重影响了城市可持续发展。与城市经济的高速增长相对应的是环境资源的匮乏，其生态约束力越来越大，反过来抑制了经济的发展。

在改造和振兴老工业城市过程中，必然以经济总量快速增长为目标，这势必将加剧经济发展需求与环境承载力之间的矛盾。加快经济发展，必然要抓项目建设，新的项目就会带来新的污染。同时，更多的项目是以高科技产业为主导的，而这种高科技产业往往又伴随着高污染。人们对于高科技产业生产技术流程不熟悉，环境专家对其也缺乏足够的研究评判，各种法规、标准几乎未予制定，这更易产生严重的环境污染。就老工业城市

---

① 陈楷根、曾从盛、陈加兵：《基于资源环境考虑的产业结构选择基准的探讨》，《人文地理》2003 年第 6 期。

② 戴怡富：《工业生态化是我国新世纪工业发展的必然选择》，《生态经济》2001 年第 8 期。

而言，虽知道其危害性，但恰逢振兴关头，迫于自身生产力水平低下和技术水平落后，急需大量国外资金和先进技术，而高科技外资正好满足了这一需要。因此，为了经济快速增长，老工业城市也只能以牺牲环境为代价，由此进一步加剧了城市的环境问题。

要综合解决目前老工业城市在发展中突出面临的资源浪费和环境污染问题，使城市工业经济保持持续快速健康发展，不能也不允许再走发达国家以过度消耗能源、牺牲环境、严重破坏生态、“先发展、后治理”的模式来实现工业化的老路，而是要把工业化与可持续发展结合起来，走出一条强调生态建设和环境保护的发展之路；从传统的资源依赖过量消耗型、粗放经营的经济增长方式向资源节约循环型、集约经营的经济增长方式转变；应严格限制和禁止能源消耗高、资源浪费大、污染严重的产业和企业发展；要充分考虑自然资源可能的承受能力和对环境的影响，实现经济增长方式由传统的高资源消耗、高污染、低效益的粗放型向低消耗、低污染、高效益的集约型转变。[①] 建立起资源节约型工业生产体系，大力倡导循环经济和清洁生产，走新型工业化道路，这是实现老工业城市经济可持续发展战略的关键。因此，老工业城市在实现工业化的过程中，必须实行工业经济发展战略思想向生态工业的转变，大力倡导循环经济和清洁生产，推进工业增长方式的转变，加快产业结构调整步伐，按照利于经济增长和环境保护的双重目标，实现从经济领域调整，扩展至环境与经济结构的双重调整，使环境资源的配置朝着有利于产业结构调整的方向发展，形成城市可持续发展的新模式。

① 刘传江主编：《经济可持续发展的制度创新》，中国环境科学出版社 2002 年版，第 45 页。

# 第五章　老工业城市产业转型的就业空间效应

## 第一节　产业转型对就业结构的影响

### 一　劳动力总量的变化

进入转型期以来，由于世界范围内科学技术的巨大变革和进步，使得我国企业的生产技术面貌发生了天翻地覆的变化。这种变化有着多方面的表现，比如，新装备的广泛运用、新工艺的广泛引进、新材料的广泛利用等。所有这些从生产要素投入结构的角度看，就集中表现为资本要素对劳动要素的广泛替代，其结果是许多劳动者被生产设备所替代，从原有岗位上游离出来，被迫重新寻找职业，其中以老工业城市尤甚，从而形成劳动力市场供给增加。

相对而言，产业结构对劳动需求量的影响比对劳动供给量的影响大而直接。从作用机理上来说，产业结构对劳动需求量的影响也是通过技术进步所引起的投入结构变化、部门行业结构变化和企业组织结构与行为变化来实现的。这种影响集中表现为产业结构调整和变化在通过新产品、新行业的不断增加和经济规模的不断扩大，从而引起全社会劳动需求的绝对量不断上升的同时，引发了全社会经济运行对劳动需求的相对减少，即引起了实现单位产出或维持单位经济规模所需要就业人数的下降。

### 二　部门行业结构调整

转型期以来，我国生产技术发生了革命性的变革，同时我国部门行业结构也发生了深刻的调整和变化。其重要表现之一就是传统的劳动密集型产业部门所占的比重急剧下降，资本和技术密集型产业所占比重大幅度上升，特别是一大批高新技术产业的出现和迅猛发展，大大促进了我国产业结构升级换代进程。与之相适应，一大批在传统产业部门就业的劳动者从传统的产业部门流动和转移出来，被迫重新寻找就业机会。这样的部门很多，如纺织、食品、采矿、手工业等。在老工业城市，部门行业结构调整尤为明显。

### 三　企业组织结构的调整和变化

我国经济结构调整还有一个突出的表现，就是作为微观经济主体的企业组织结构和组织行为的调整和变革。这种调整和变化也构成了对劳动供给的重大影响，表现为：一方面随着计划经济体制向市场经济体制的转轨，企业与企业之间的竞争日益激烈。在一大批技术先进、管理有方的企业不断发展壮大的同时，也有一大批经营管理不善的企业倒闭破产，从而使其职工被迫加入劳动市场，寻找工作。另一方面，随着以自主经营、自负盈亏为核心的国有企业管理体制改革的不断深入，国有企业的行为方式也发生了巨大的变化。这种变化最集中的表现就是国有企业效率和效益意识的复苏和不断强化，其结果迫使积压在国有企业内的大量富余人员游离出来，变成下岗失业人员。

## 第二节　产业转型对就业空间形态的影响

### 一　城市土地利用形态变化

产业结构的演进将带动城市土地利用形态、结构与性质的变化。随着人口、工业向城市聚集，城市居住、商业公共服务设施逐渐出现，促使城市土地利用形态发生改变。由于中心市区产业结构的升级，使中心市区原有传统工业企业逐渐被商业、服务业所取代，从而使土地利用的比例结构与空间结构也发生改变。这主要表现在中心市区工业、居住及仓储等城市职能用地所占比例逐年下降，而商业、交通、绿地、公共服务设施用地所占的比例逐渐上升。

随着城市产业、人口由中心市区向外扩散，带来城市郊区及周边农村地域城市化的快速推进，使农村土地利用性质发生了改变，大量的耕地、林地等农业生产用地及分散的农村居民点，转变成城市工厂、商业用地以及交通用地等城市非农用地，这导致城市建设用地迅速扩大。

### 二　城市功能地域调整

产业结构的更新，是产业在城市地域空间内重新调整及职能专门化地域形态形成的过程。随着中心市区“退二进三”战略的实施，中心市区的传统工业企业向城市边缘区转移并集聚，在城市边缘区形成工业聚集区。同时，城市边缘区以其低廉的价格、优越的生态环境成为低收入阶层改善居住条件的首选地域。同时，由于教育办学土地需求与供给矛盾不断加剧，城市中心大学教育与科技功能的向外迁移并在地域上聚集成为必然趋势。

工业、居住以及教育行政职能的“边缘化”，使城市的中心商务区的结构功能得到大幅度增强，高档次的第三产业进一步向市中心聚集，不仅使传统商贸功能日益增强，而且信息、证券、咨询等现代高级服务业迅速发展，使城市的综合服务功能不断升级。在促进了产业的调整与升级的同时，也强化了产业的聚集效益。

### 三　城市空间形态优化

城市空间结构是城市产业、要素与职能分布的地域投影及空间组织形式，而产业结构的调整与升级将会带动城市空间结构的调整与优化。随着区域城市化地域空间的迅速扩展，城市建成区面积也不断扩大。由于受发展成本的限制，很容易造成城市的近域扩展过度，而“飞地”扩展不足，这易导致城市空间扩展陷入“摊大饼”的怪圈，使城市发展的整体空间格局处于单核发展阶段，城市产业、人口与职能在城市中心过度聚集，使城市处于无序发展的状态。

随着城市发展以及产业效益的提高，由于集聚不经济，将促使城市空间发展采取主核与多个副核相结合的多核空间发展模式。通过城市副核的培育与壮大，增强城市分区核心的聚合能力，促进城市人口、产业与职能在城市各分区的重新组合，真正分流城市主核的要素、产业与职能，促使城市主核消肿，从而实现产业结构的调整与城市空间结构的优化。

## 第三节　产业转型对就业文化的影响

### 一　单位文化到创业文化

老工业城市在产业转型过程中，要突破计划经济条件下的“单位文化”束缚，切实推进“创业文化”建设。从根本上说，是促进文化转型，通过提升地域文化，推动城市经济社会发展。产业转型以前，老工业城市普遍缺乏创业文化意识，甘于维持现状的多，敢于白手起家的少，整体上城市文化不适应市场经济发展的需要；同时，经济文化的一体化意识落后，人们惯于行政化的单位意识而缺乏经济头脑，更缺少规模化、集中化的文化产业集团，文化产业组织形态处于小规模、分散化的经营状态，缺乏特色鲜明、效益良好的大型文化项目，文化资源也未得到充分有效的利用；此外，整个管理体制改革滞后，制约了产学研的结合，文化产业大规模扩张的资本条件难以具备。产业转型在一定程度上，是对城市文化的重塑过程。具体到老工业城市，是在推动单位文化转型、建构创业文化方面，应转变计划经济体制影响下形成的“单位文化”观念，确立适应“入市”—市场经济和“入世”—全球化发展的文化精神。同时，大力发展信息文化产业，以信息化带动工业化，提高城市的信息化水平。在推进信息化的同时，切实提高城市文化的开发度，并培育新的信息文化市场，建构新型文化产业群。

## 二　制度建设到制度创新

从国际经验看，市场经济国家除通过建立失业保障和开展失业救济等被动的劳动政策解决长期失业问题外，还要通过主动的劳动政策，即通过修复劳动力市场，解决长期失业问题。因为，产生失业的根本原因是由于劳动力市场的调节功能出现问题，修复劳动力市场的调节功能，就是让调节劳动力市场供求的价格机制充分发挥作用。我国老工业城市可以包括以下两个方面：

### （一）深化就业制度改革，推进劳动就业市场化

在市场经济国家，完善的劳动力市场是解决就业问题的基本机制和手段，其他措施基本上是对这一机制和手段的补充、修复和完善。目前，我国劳动力市场尚处于初级发展阶段，功能不齐全，吞吐能力弱，这与老工业城市中双重转变条件下失业人员的再就业需求及城乡劳动力流动很不适应。因此，必须大力发展多层次、多形式的劳动力市场。在条件成熟的地区，应打破不同所有制之间、城乡之间及部门之间的分割状态，逐步建立起城乡统一的劳动力市场和公平竞争的就业制度，推进劳动力就业市场化，更充分地发挥市场机制在劳动力资源配置中的基础性作用，建立起以劳动者自主就业为主导、以市场调节就业为基础、以政府促进就业为动力

的就业机制。

（二）减少对要素市场的政府控制，让市场化企业自主决定要素价格

劳动力需求的快速增加对工资的上升有积极影响，但是工资水平的大幅度增长可能迅速提高微观企业的生产成本，加之我国还存在一定水平的工资管制和较低的实际利率，可能加速企业用资本替代劳动的速度，降低资本对劳动力的吸纳速度。因此，减少对工资和资本等要素市场的政府控制范围，让市场化企业自主决定要素价格水平，使工资收入的增长与劳动生产率的增长相协调，不仅可以避免因为工资成本增长过快而削弱企业的竞争能力和盈利水平，提高劳动对资本的边际替代率，同时有利于促进劳动力就业市场机制的正常发挥，发挥工资对劳动力市场自发调节，以实现劳动力市场均衡的作用。当然，减少政府对要素市场的控制，并不是排斥政府在建立要素价格市场化中的作用。政府在促进要素价格市场化形成及建立机制健全、运行规范、服务周到、监督有力的劳动力市场方面将起重要作用。比如，政府通过公共投资建立劳动力市场信息网络，促进劳动力供求信息的及时交流，帮助劳动者通过劳动力市场实现就业和再就业；政府通过对劳动力市场进行科学化、规范化和现代化建设，探索建立劳动力市场价格形成机制，发挥市场机制在劳动力资源配置、工资形成和劳动力流动中的积极作用。

# 第六章　老工业城市产业转型的就业空间调控对策

## 第一节　产业结构调整对策

### 一　发展新兴产业和改造传统产业

当前我国正处于工业化中期，急需加快工业化进程，传统工业如装备制造业可以吸纳大量劳动力就业。因此，振兴老工业城市不能单纯发展新兴产业，也不能单纯发展传统产业，而应在大力发展新兴产业的同时，加快用高新技术改造传统产业的步伐。老工业城市应抓住新的技术革命所创造的机遇，发展高新技术产业，以高新技术的应用带动新兴产业的形成、发展，即将知识视为重要的生产要素，着手培育新兴高技术产业，使其逐步取代传统产业，成为主导产业和新的经济增长点。同时，将高新技术渗透到传统产业升级改造过程中，用高科技重新武装传统工业，将改造提升传统产业与发展高新技术产业相结合。提高传统产业的技术含量和层次，为传统产业的升级改造提供技术支撑，开拓市场空间。此外，按产业链的延伸推进相关产业的发展，接长产业链，加强上下游产业、相关产业或辅助性产业之间的交流与合作。特别是通过发展替代产业，提高城市的资本、技术、智力密集的程度。这样，既增强了城市经济结构的弹性，完成了城市经济结构升级和综合化、大型化的进程，又开拓了新的就业领域，拓展了就业空间。

### 二　发展服务业

发展第三产业是经济结构调整的一种趋势，随着原有工业部门的衰落更应重视加强发展第三产业。老工业城市因其工业服务体系不完善，第二产业与第三产业联结度较低，致使社会生产效率提高缓慢，这成为新型工业化道路上的一大阻碍。产业转型过程中，要实现新型工业化，必须依靠现代服务业的支撑，同时也必须拓展服务业的发展空间。这样，第三产业在继续保持批发零售、贸易、餐饮业等就业容量大的传统服务业的增长态势，以此创造更多就业岗位的同时，更要加快金融、教育等现代服务业的发展，提高其比重，使之不再成为三次产业结构优化的瓶颈。目前在老工业城市的工业发展过程中处于领先地位的主要是部分传统产业产品，这种局面是由于其在技术改造方面进展缓慢造成的。因此，老工业城市应该注重技术升级，合理调整产业结构、产品结构，抓住振兴老工业基地历史契机，大力发展现代服务业，加速传统产业与服务业的专业化分工合作，依托第二产业，大力发展第三产业，促使第二、第三产业协调发展。

根据城市就业结构现状和对未来发展趋势预测，第三产业无疑是今后吸纳劳动力的主要部门。因此，要充分发挥老工业城市人力资源丰富、劳动力成本低且素质相对较好的比较优势，大力发展劳动密集型和劳动技术密集型产业，扩大吸纳就业的容量。要继续坚持大力发展第三产业的战略方针，将城市的主要经济职能由工业生产转向职能级别更高、更具有中心性和重要性的控制管理和服务行业，从而使城市成为社会经济发展的决策中心。而这些满足人们日常生活需求和社会运行需要的服务领域，正是缺乏职业经验的青年以及从就业市场上退出、谋求再就业者可以显身手的地方，因此，它们得到足够重视，对于多途径转移剩余劳动力就会起到积极推动作用。此外，进一步开发这些服务业市场，鼓励投资者投资服务业、中高等教育、职业培训等行业，吸引劳动力就业，促进经济发展。

### 三　推进社区服务业发展

社区服务业，发展空间和潜力大，创业和就业成本低，吸纳就业能力强，是第三产业中的新兴产业。社区服务业经营范围广，涉及居民生活所需求的所有领域。社区服务业不仅有巨大的就业容量和发展潜力，而且就业门槛低，劳动强度不大，对从业人员素质要求也不高，特别适合城市下岗失业人员的能力和特点。目前，老工业城市社区服务发展程度还不高，规模也不大，普及面也不宽，服务项目较少，档次较低，多为摆摊设点、走街串巷或个体零散经营的方式，真正称得上企业或经过工商登记、有组织开展经营活动的还不多。这种状况，既不能满足社区居民日益增长的需求，也不能成为吸纳就业的广阔平台。老工业城市政府应当进一步认识社区服务业对于满足居民需求、提高居民生活质量、加强社区管理，特别是对于拓展就业空间、解决就业问题将起到重要作用，充分发挥政府组织、引导职能，有效地促进社区服务业的发展，并把社区服务业的发展同加强社区管理很好地结合起来，以提高社区建设水平。要使社区服务的就业潜力充分显现，需要建立一套行之有效的社区服务体系。在具体途径和办法上，各级政府可以把创办社区服务业及其接收安置就业的工作任务落实到街道和社区，明确目标和要求，提供相关优惠政策，组织创办相关社区服务培训。街道和社区应当按照区政府要求，结合社区实际，规划社区服务业的筹建和发展，做出具体实施安排，并将其作为一项重点工作大力加以推进。随着社区建设的加强和居民生活水平的进一步提高，社区服务业必将有一个较大的发展。

## 第二节　产业组织优化对策

### 一　积极扶持中小企业

近年来，中小企业提供了75%的城镇就业机会。中小企业在保证国民经济持续稳定增长、增加就业岗位、缓解就业压力等方面，发挥着越来越重要的作用。中小企业单位投资容纳的劳动力（就业容量）和单位产值使用劳动力（就业弹性）都明显高于大型企业。① 因此，中小企业吸纳就业的重要作用体现在增量方面，它是新增就业机会的主要提供者。“小企业、大就业”，是许多国家已经证实的一条就业定律。中小企业还是创造就业机会的重要空间，它的发展必定会对经济增长和扩大就业发挥举足轻重的作用。老工业城市的情况与全国相似，中小企业的进一步发展，是实现就业和再就业的一个重要途径。

我国中小企业虽然发展很快，但与发达国家相比，数量偏小、质量不高、发展意识和环境条件较差的问题普遍存在，老工业城市更是如此。从发展经济、实施就业与再就业工程的需要出发，老工业城市应当充分重视发挥中小企业的作用，大力推进中小企业，主要是民营中小企业的发展与

① 杨建新、王如松：《产业生态学基本理论探讨》，《城市环境与城市生态》1998年第2期。

提高，使之成为吸纳就业较为稳定和有效的空间。为此，政府有必要建立有利于中小企业发展的规章，适当放宽市场准入标准和限制范围，简化审批程序，减轻税费负担，完善为中小企业提供服务的体系，加强对中小企业经营者的培训和中小企业家队伍建设。从政策环境、引导服务、金融信贷、社会保险等多方面努力支持和扶持，促进中小企业快速发展，提升吸纳就业能力，并造就一大批自主创业的企业家群体，创造更为广阔的就业空间。①

### 二　发展民营经济

从所有制结构来看，具有吸纳劳动力就业潜力的部门是非国有经济。非国有企业一般具有劳动密集型特点，随着非国有经济的发展，对劳动力需求越来越大，吸纳了大量新进入劳动力市场的城市就业者和农村转移劳动力。非国有经济中以私营经济和个体经济为主体的民营经济尤为显著。民营经济规模小，机制灵活，能够快速地对市场做出反应，及时调整自己的生产和管理，适应市场需求；民营经济可以开发生产那些所需资本少、市场需求转型快的工业产品，以弥补国有企业的不足，也可以发展那些劳动密集型产业，吸纳国有企业下岗职工，充分利用人力资源。

改革开放以来，随着国有经济在整个经济中的比重逐步下降，其就业比重也相应下降。现阶段民营经济具有劳动密集、就业容量大的特点，单位投资吸纳的劳动力和单位投资新增加的劳动力都要明显高于国有企业。② 老工业城市普遍存在国有企业比重大，国有企业经济效益滑坡，其吸收劳动力能力下降，就业比重也不断下降的现象。伴随“三资”、合资、股份制和个体经济等的发展，通过税收、贷款等优惠政策以及政府补贴等途径扶持中小企业的发展，尤其是中小型民营企业的发展，鼓励各种非国有经济吸纳更多的从业人员，以此缓解就业压力。此外，老工业城市在发展灵活就业和非正规就业方面还有较大空间，应该在观念上积极倡导，在政策上加以引导，政府给予一定的资助费用，积极提倡和鼓励自谋职业者。增强工作制度的灵活性以及促进就业形式的多样化，以增加就业。

---

① 张锦华、赵爱虹：《解决老工业基地就业问题的难点与对策》，《沈阳大学学报》2005 年第 1 期。

② 薛巍：《老工业基地的就业弹性与就业结构分析——以辽宁为例》，《科技和产业》2005 年第 5 期。

## 第三节 就业空间发展对策

### 一 促进城市更新与改造

为增加就业需求，就必须发展城市经济。为克服老工业城市发展所面临的困境，欧美各国采取了城市更新改造措施以挽回城市发展的颓势，即对城市的物质空间结构进行改造，试图影响产业转型在空间上的分布，为城市经济的复兴创造物质条件。具体表现为，为扭转传统工业城市的衰败局面，各国先后于20世纪40年代末至20世纪70年代进行了大规模城市更新和改造活动，以提供足够的公共设施，改善城市衰败地区的生活环境和投资环境，从而增加居民人口，吸引私人投资，复苏市区经济，扩大就业，扩充市政府的财政收入，减少犯罪，稳定社会。

我国老工业城市经过20世纪90年代房地产开发热以后，核心区的用地扩展速度趋缓，用地发展方式以“退二进三”、棚户区改造和环境建设等城市更新内容为主。受城市产业基础及产业发展方针的影响，老工业城市空间扩展的主要动力来源于工业用地扩张。一方面，继20世纪80年代末期开始，在城市外围经济流向活跃地区建立了一批工业园区。工业园区的选址通常基于最低经济区位成本和最大聚集效益，这从一个侧面体现出该地区的经济活力①，充满经济活力的工业园区的建立成为城市就业新的集聚地。另一方面，反观城市地区发展速度差异，位于城市对外经济流向活跃的地区，如经济技术开发区等地区，经济发展速度均较快。要进一步加速这些地区的经济发展，劳动力作为不可或缺的要素必然会大量涌入。因此，老工业城市的旧区改造与新区建设，应该成为城市就业空间发展的重要方面，是城市就业布局发生二次改变的物化因素。

### 二 城市振兴与区域经济协调发展

我国大部分老工业城市不仅工业产业体系和层次落后，而且商业、金融、交通、能源、环境卫生、产业总体布局、城市规划等诸多方面也显得老化和落后。因此，对振兴老工业城市来说，不仅有一个自身调整改造的

---

① 延善玉、张平宇、马延吉等：《沈阳市工业空间重组及其动力机制》，《人文地理》2007年第3期。

问题，而且有一个整个区域经济的协调发展问题。老工业城市改造振兴要立足区域发展需求，在自身改造振兴的同时，通过扩展产业联系，带动区域经济的整体发展。

## 第四节　就业文化创新对策

### 一　改变就业观念

要从根本上改变我国老工业城市的就业状况，转变劳动者就业观念是关键。老工业城市是计划经济体制最为完整和系统的城市，也是在向社会主义市场经济转变过程中受到旧体制影响最重的城市。时至今日，计划经济的旧体制，以及由此派生出的旧机制、旧观念仍然在老工业城市许多领域发挥着负面作用，劳动就业体制也不例外。这就要求老工业城市要加快劳动就业体制的创新，改革劳动力就业的传统观念。首先，老工业城市在就业结构调整和产业升级换代过程中，传统产业部门的一些劳动者拥有的知识技能已不适应城市当前经济发展水平的需要，但作为熟练工人，他们却可能是其他地区或行业需要的人才，因此，要鼓励这部分劳动者改变就业观念、积极从事二次创业。同时，应鼓励他们走出去，到落后地区就业，这既可以直接缓解城市的就业压力，又可以在区域乃至全国范围内创造市场和需求。其次，由于老工业城市经济发展既要引进一部分高素质人才，又要引进廉价劳动力，使城市密集型产业的低成本优势显现出来。因此，废除有关不利于体制创新和劳动就业观念转变的地方性法规和文件，消除制度障碍，加快劳动力自由流动，以此推动城市劳动就业结构逐步合理化，以确保城市的各个岗位对本市及外来人员一视同仁，竞争上岗，优化劳动力资源配置，为城市经济发展提供有力的人才保证。

### 二　完善社会保障制度

建立和完善与经济发展水平相适应的包括养老、失业、医疗、社会救助在内的社会保障体系，是社会稳定和国家长治久安的重要保障，也是老工业城市解决就业问题的底线。[①] 政府要进一步依法筹集和管理好社会保

---

①　张锦华、赵爱虹：《解决老工业基地就业问题的难点与对策》，《沈阳大学学报》2005 年第 1 期。

障基金。对于在不同所有制、不同地区、不同规模企业就业的各类职工，都应该努力创造条件，纳入社保覆盖范围，企业和个人要按规定标准缴纳社会保障金，不断扩大社会保障的覆盖面。老工业城市应当明确失业保险不在于消极补救，而主要在于支持失业者积极求职，实施灵活就业，促使下岗失业人员通过自立解决就业。要鼓励企业、事业单位和其他用工用人单位，创造和提供正规的临时性、阶段性就业岗位和小时工等多种就业形式，鼓励下岗失业人员到这种岗位去就业。政府还有必要从城市建设与管理的需求出发，尽可能多地设置公益性岗位，临时性或阶段性地安置下岗失业人员，特别要保障困难群体充分就业。

建立和实施就业援助制度。就业困难群体很难被经济增长带来的就业机会所吸纳，也难以通过一般就业政策和就业服务的帮助实现就业，对他们需要实施特殊的就业援助。国外对劳动力市场的研究表明，直接创造就业岗位的成本甚至小于对失业人员支付的社会保障费用，这对于弥补市场就业岗位的不足有较大的作用。因此，老工业城市应针对就业群体中大量无技能和低技能的劳动者，加强和细化再就业培训；政府要加大资金投入，以满足下岗失业人员日益增长的培训需求；开展对弱势就业群体的专项职业指导工作，分析其疑难所在，为其寻求合适的培训方式、途径和就业机会；大规模推行不同形式的托底安置办法，调整对安置大龄就业困难对象的补助方式；进一步加大再就业援助工作力度。

建立失业预警制度。要建立城镇劳动力抽样调查制度，定期开展劳动力抽样调查，及时反映城市及各地区就业和失业动态变化。根据失业人员失业周时数和再就业周时数，合理计算失业率和再就业率。全面推行劳动预备制度、就业准入制度和空岗申报制度，在充分考虑政府、企业、社会各方面承受能力的基础上，对就业和失业实行总量控制。建立失业预警系统，在下岗失业总量接近警戒线时，及时采取措施缓解就业矛盾。

### 三　健全就业市场和社会服务体系

#### （一）完善劳动力市场

市场经济的本质是发挥市场在资源配置中的基础性作用。城乡新增和富余劳动力，作为人力资源，一定要通过劳动力市场寻求配置，找到发挥其效能的机会。国企下岗人员再就业，作为人力资源重组和再次配置，最终也必须依赖劳动力市场的健全与完善来实现。老工业城市中就业弱势群体相对集中，地方自身解决有一定的困难。中央应实施积极的劳动力市场政策，把工作重点从保障下岗失业人员基本生活转变到扩大就业上来，以解除部分下岗失业人员的后顾之忧。针对现阶段实际，政府要强化政策和制度的调整与约束，尽可能地弱化下岗职工和失业人员对企业、政府的依赖，使之积极主动地走向劳动力市场，自觉地降低过高的求职愿望，接受市场的选择，尽早在市场上获得就业。对国企下岗职工，应当采取国有资产变现和财政补贴资金的办法，通过买断使之与企业彻底脱离劳动关系。加大下岗职工基本生活保障和失业保险并轨的力度，减少失业和就业的隐性化，真正把下岗人员推向市场，使其独立寻求出路。对于失业人员救济金的发放，要强调以促进其求职就业为目的。可以适当缩短保险金发放期限，实行分期递减救济金额的办法，促使失业人员走入市场，积极求职，早日就业。

为此，要大力推进劳动力就业市场化，激发劳动者就业积极性。老工业城市要加快就业市场化进程，解决再就业“机制保障”问题，大力培育劳动力市场，把劳动力市场建设作为就业和再就业的基础工程，纳入经济和社会发展总体规划，充分发挥其配置劳动力资源的功能。应当把重点放在完善市场体系和信息引导方面，整合各种“劳务市场”和职业介绍机构，健全就业登记制度，规范市场管理，构筑信息网络，努力建立起统一性、灵活性和公平性相结合的劳动力市场，真正确立和发挥市场在调节与促进就业方面的机制和作用。具体应做好如下几点：加强对就业的指导和服务，大力提高职业介绍所的数量和质量，建立城乡一体的就业信息服务网络，减少因信息不畅而造成的再就业困难；提高劳动力市场信息化程度，实现劳动力市场与职业介绍机构和失业保险经办机构、培训机构的联网；完善以市职业介绍中心为龙头，以区、县职业介绍所为主体，以街、乡劳动管理服务站为依托，以民办职业介绍机构为补充的劳动力市场职业介绍网络；实现职业介绍、培训申请、鉴定申报、档案管理、社会保险关系接续“一条龙”服务；积极规范劳动力市场秩序，保护劳动者的合法权益。[①]

### （二）建立健全就业社会服务体系

老工业城市在发挥市场机制作用，完善劳动力市场的同时，应着力建

① 赵子祥等主编：《沈阳市经济社会形势分析与预测》，社会科学文献出版社 2006 年版，第 103 页。

立健全包括职业介绍、就业培训、失业保险和劳动就业服务企业等四方面就业社会服务体系。需要加强职业培训，提高劳动者就业能力。劳动者的受教育水平和职业技能是决定高附加值投资在全球经济中将最终落户何处的关键性决定因素，就地区层次而言，这个论点已经成为经济发展政策的中心原则。① 特别是职业训练对于经济增长的必要性一直为人们所重视，所以，对劳动者新技能的培训显得尤为重要。特别是针对老工业城市目前失业的结构性特征十分突出的现状，加强职业培训是解决失业与再就业的重要途径。此外，由于新兴技术的快速发展，新增长理论确定了一种新的工作模式，其中知识成为生产的决定性要素。人力资本理论认为，一个人能否被雇用以及将来的收入水平与所受的培训和拥有的技能呈正相关，因此培训将成为个人的投资。通过一系列有效的就业前培训、下岗或转岗培训、在岗培训，可提高劳动者的素质或技能，增加个人资本，缓和再就业矛盾。这样，大力发展职业技能培训，广泛推行就业指导工作，由政府、企业和社会共同集资，加大这方面的投资力度，开展劳动者的再教育，提高其知识素质和技能素质，从而形成多层次、多类别的培训体系，对老工业城市再就业将起到重要作用。

在这一过程中，政府应侧重制定职业标准，规划职业培训机构的发展，组织职业技能鉴定，并采取政府购买培训成果的办法，推动培训机构市场化步伐，通过市场引导培训方向，建立市场化的职业培训体系。政府应根据就业市场的需求和变化，实行有针对性、实用性和有效性的职业技能培训。加大对于就业培训机构的投入，加强对培训的组织与管理，对参与培训的下岗失业人员进行资助。继续办好职业学校，提高新增劳动力的职业素质和技能。与此同时，政府应当着力组织建立健全包括职业介绍、信息咨询和失业救助等方面的社会就业服务体系，比如建立就业信息网、为申请就业者提供信息和咨询服务、规范发展就业中介机构等。借此提高下岗失业人员的再就业能力和创业技能，为他们寻找就业岗位、参与竞争提供帮助、创造条件。

① N. Parsons、A. Storer：《英国南威尔士的冗员、培训和就业状况》，载袁志刚主编《经济全球化下的就业政策》，中国劳动社会保障出版社 2004 年版，第 89 页。

# 第七章　沈阳市的实证分析

沈阳市是东北地区老工业城市典型代表，其产业转型过程具有突出代表性。2004 年年末，沈阳市辖和平、沈河、大东、皇姑、铁西、于洪、苏家屯、东陵、新城子 9 个市区以及新民、辽中、法库、康平 4 个县(市)。依据沈阳年鉴中的划分，将其分为中心城区、近郊区、远郊区及辖县（市)，如图 7－1 所示，为本书实证研究区域。沈阳市产业转型过

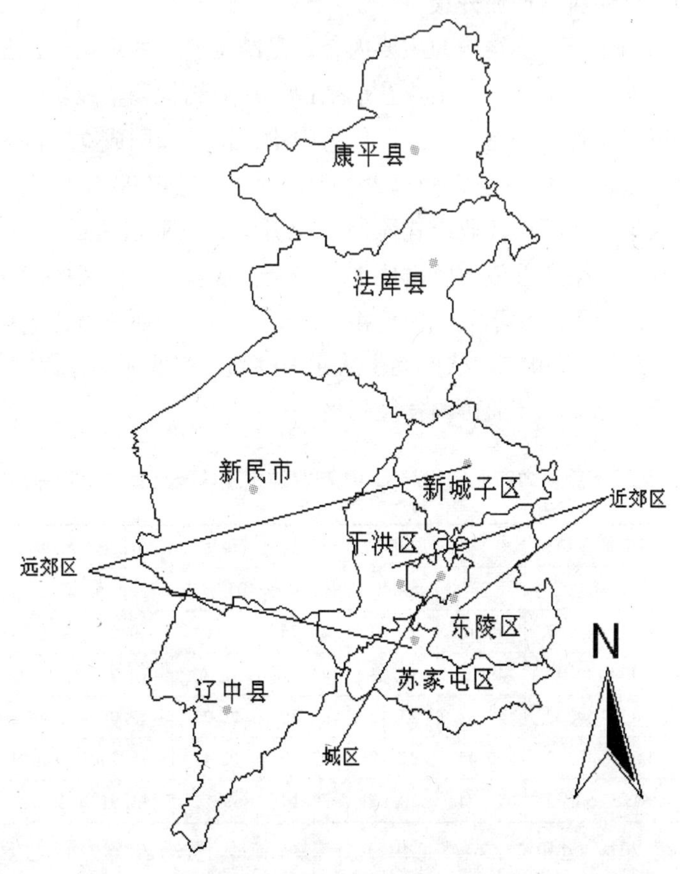


图7 1　沈阳城市地域结构划分

程，从产业结构方面看，主要包括工业结构演变和服务业结构调整；从产业布局考虑，主要表现为工业空间重组和服务业集聚化，此外，需特别提出的是开发区的发展建设与铁西老工业区的改造；从产业组织结构看，主要包括产权主体多元化、中小企业发展迅速与企业合作的增强。由于产业转型在这些方面带来的诸多变化，它们又都直接或间接作用于城市的就业，导致沈阳市的就业变化，具体体现在就业结构、就业空间、下岗失业以及就业制度和就业文化的变化方面。本章重点探讨20世纪90年代以来沈阳市产业转型过程及对就业作用等相关问题。

## 第一节　沈阳市产业转型过程分析

### 一　结构调整与产业升级

产业结构作为经济结构的主要内容，是结构调整的重点，也是产业转型的重要方面。对于东北老工业基地来说，产业结构调整成功与否将是决定其振兴成功与否的关键。沈阳市作为中华人民共和国成立后国家重点投资的重工业基地，工业一直占有较大的比重。20世纪90年代以来，伴随经济体制改革，沈阳市产业结构不断优化升级，农业所占比重有所增长，第二产业在国内生产总值中所占比重，以及在从业人口构成中的比重开始逐步下降，之后则变化不大，保持稳步发展，第三产业所占比重明显增加（见表7－1）。沈阳市产业结构逐步从原来的第二产业尤其是以工业为主，转向第二产业和第三产业协调发展的格局。

**表7－1　沈阳市劳动力产业结构与GDP产业结构及偏离比较（1990—2010年）**

| 年份 | GDP产业结构（%） | | | 劳动力产业结构（%） | | | 偏离度 | | |
|---|---|---|---|---|---|---|---|---|---|
| | 第一产业 | 第二产业 | 第三产业 | 第一产业 | 第二产业 | 第三产业 | 第一产业 | 第二产业 | 第三产业 |
| 1990 | 10.15 | 45.67 | 44.18 | 20.04 | 48.95 | 31.01 | －9.90 | －3.28 | 13.18 |
| 1995 | 7.50 | 44.49 | 48.01 | 18.23 | 44.41 | 37.36 | －10.73 | 0.08 | 10.65 |
| 2000 | 6.40 | 44.22 | 49.38 | 23.45 | 35.30 | 41.25 | －17.05 | 8.92 | 8.13 |
| 2005 | 6.06 | 43.49 | 50.45 | 21.29 | 29.30 | 49.41 | －15.23 | 14.19 | 1.04 |
| 2010 | 4.64 | 50.42 | 44.94 | 18.55 | 28.19 | 53.26 | －13.91 | 22.23 | －8.32 |

资料来源：根据《沈阳统计年鉴》（2011）计算整理而得。偏离度计算公式为三次产业产值比重与就业比重之差。

（一）工业结构演变

沈阳市产业结构最大的变化发生在第二产业内部。沈阳市是一个工业门类齐全的城市，全国共有165个工业门类，沈阳市就有142个门类，产业门类过于分散。经过几年的调整，142个门类集中到装备制造、汽车、航空、有色金属深加工、黑色金属深加工、化工、农产品深加工和IC装备等八大主导产业，八大主导产业占全市工业总规模的85%左右。城市经济的发展、产业集聚及产业结构转换的加快，深刻影响工业的发展和结构调整。

1. 工业结构高级化

20世纪90年代以后，沈阳市工业内部表现出的深加工化趋势和技术集约化趋势日渐明显。沈阳市工业由以原材料工业为主逐步转向以深加工工业和组装工业为主，工业增长对能源、原材料依赖程度逐步下降，越来越多地依赖于资本和技术投入。城市工业部门结构优化趋势明显，原料型低附加值产品比重不断降低，深加工型、高附加值产品的比重不断增加，资本—劳动密集型部门的优势让位于资本—技术密集型，重工业为主导变为制造中间产品和最终产品的深度加工产业为主导。

表7-2是沈阳市主要工业部门1990—2010年产值比重，其中3个行业的比重变化最大，分别是冶金工业、电子及通信设备制造业和纺织工业。冶金工业和纺织工业代表了传统的资源密集型和劳动密集型产业，其比重由1990年的18.1%下降到2010年的5.2%，大幅度下降显示了沈阳市第二产业中传统工业的衰落，而以电子及通信设备制造业为代表的高新技术工业比重则显著上升，上升10多个百分点。① 这表明电子及设备制造业不仅是第二产业内部的主导产业，而且在整个城市经济中也占主导地位。其他行业部门的产值比重在工业中所占比重较小，而机械制造业、交通运输设备制造业、电子及通信设备制造业和电力设备制造业在所有部门产值比重中占绝对优势，2010年，其总和占工业产值的55.8%。这不仅表明沈阳市是以制造业为主的老工业基地，而且在老工业基地振兴过程中，由于工业结构升级和新型工业化的实施，工业内部的结构转型逐渐趋于向技术密集和附加值高的行业发展，主导产业日益突出。

---

① 2004年以后，由于统计口径发生变化，数据差别较大。

表 7-2　沈阳市主要工业部门工业总产值构成（1990—2010 年）　单位:%

| | 1990 年 | 1995 年 | 1997 年 | 2000 年 | 2005 年 | 2010 年 |
|---|---|---|---|---|---|---|
| 化学工业 | 14.9 | 12.9 | 12.2 | 12.4 | 16.2 | 24.2 |
| 医药工业 | 4.5 | 4.3 | 5.1 | 6.6 | 3.3 | 2.1 |
| 橡胶工业 | 3.5 | 2.5 | 2.2 | 2.3 | 2.8 | 1.1 |
| 塑料工业 | 0.9 | 1.2 | 1.0 | 0.8 | 1.4 | 3.7 |
| 化学原料及化学制品 | 6.0 | 4.9 | 3.9 | 2.8 | 3.3 | 2.9 |
| 机械工业 | 45.3 | 44.2 | 60.3 | 63.7 | 56.3 | 55.8 |
| 交通运输设备 | 10.0 | 21.5 | 17.0 | 22.3 | 17.1 | 13.5 |
| 电气机械及器材 | 13.8 | 12.0 | 10.0 | 10.7 | 8.5 | 10.1 |
| 金属制品业 | 4.7① | 5.6 | 3.7 | 2.0 | 3.8 | 5.3 |
| 电子及通信设备 | — | 5.1 | 17.1 | 18.2 | 3.4② | 3.1③ |
| 冶金工业 | 13.2 | 8.1 | 4.8 | 3.8 | 8.7 | 4.6 |
| 食品工业 | 7.5 | 8.5 | 8.9 | 6.5 | 7.5 | 9.4 |
| 纺织工业 | 4.9 | 3.2 | 1.4 | 1.1 | 0.9 | 0.6 |

资料来源：根据历年《沈阳统计年鉴》整理而得。

①内数据为金属制品和电子、通信设备行业的和值。

②③内数据为通信设备、计算机及其电子设备制造业的和值。

2. 轻重工业结构变化

20 世纪 90 年代初期，沈阳市重工业优势较为明显，高出全国平均水平 10 多个百分点。直到 90 年代中期实施国有企业改革，由于城市的国有企业多为重工业企业，改革产生较大波动，重工业才略有下降。到 2000 年左右，沈阳市的轻重工业比例基本与全国平均水平相当，但轻重工业仍未达到协调发展的局面。2010 年与 1991 年相比，沈阳市轻重工业结构发生了明显变动。轻工业比重由 1990 年的 37% 上升到 2010 年的 41%，重工业比重由 1990 年的 63% 下降到 2010 年的 59%（见表 7-3）。从轻重工业内部结构看，以非农产品为原料的轻工业比重上升幅度要大于以农产品为原料的轻工业，2010 年，规模以上轻工业中以农产品为原料、非农产品为原料工业比重分别为 43%、57%。重工业比重下降主要是由于初级产品生产比重下降所致，如冶金工业、橡胶工业、化学原料及化学制品等原材料型工业下降幅度较大。加工工业比重呈上升趋势，2010 年规模以上重工业中原材料工业、加工工业比重分别为 15%、83.7%。

表 7－3　　沈阳市工业总产值构成与全国比较（1990—2010 年）

| 年份 | 轻工业 | | 重工业 | |
|---|---|---|---|---|
| | 沈阳 | 全国 | 沈阳 | 全国 |
| 1990 | 0.37 | 0.46 | 0.63 | 0.54 |
| 1995 | 0.41 | 0.43 | 0.59 | 0.57 |
| 2000 | 0.38 | 0.40 | 0.62 | 0.60 |
| 2010 | 0.41 | 0.33 | 0.59 | 0.67 |

资料来源：根据相关年份《中国工业经济年鉴》和《沈阳统计年鉴》整理。

总之，无论沈阳市轻重工业结构如何变化，始终以重工业为主，重工业平均高出轻工业 20 个百分点左右（见图 7－2）。沈阳市工业发展历来是以重工业为动力驱动。因此，稳定比例关系，力求协调发展，发挥重工业尤其是机械工业的优势，带动和促进轻工业及其他工业的繁荣，形成合理有序的经济局面，是沈阳市工业结构追求的重点。

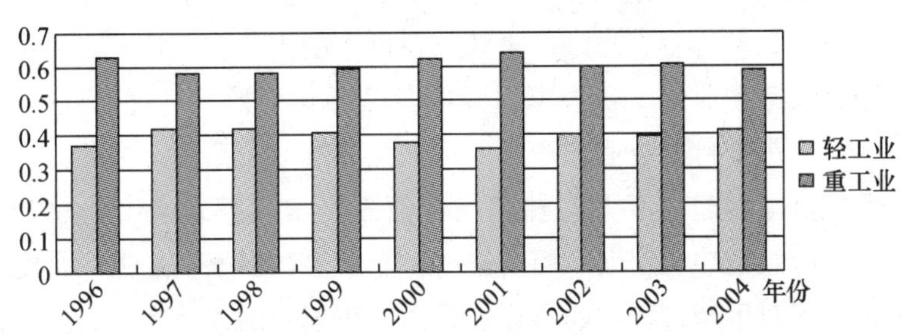


图 7－2　沈阳市轻重工业比例变化（1996—2004 年）

3. 工业生态化

沈阳市工业产业集中，以污染大、能耗高的重工业为主，石化加工和重型机械工业等产业导致高强度的“三废”排放，对城市和区域生态环境造成了严重破坏，一度成为全国少有的环境污染重灾区。沈阳市每年排放大量工业废水、固体废物。从表 7－4 可以看出沈阳市的工业粉尘排放量、工业固体废物产生量呈逐年递增的态势，工业废水和二氧化硫的排放量虽有递减趋势，但总量依然巨大。

表 7－4　沈阳市城市环保与环卫情况（1990—2010 年）

| 指标 | 1990 | 1995 | 2000 | 2005 | 2010 |
| --- | --- | --- | --- | --- | --- |
| 工业废水排放量（万吨） | 14493 | 13048 | 8311.9 | 6798.7 | 5170.0 |
| 工业二氧化硫排放量（万吨） | 15.8 | 23 | 8.6 | 3.2 | 3.4 |
| 工业粉尘排放量（吨） | 6760 | 6634 | 6694.1 | 6993.6 | 2826.0 |
| 工业固体废物产生量（万吨） | 228 | 276 | 313 | 332.8 | 307.0 |
| 工业固体废物综合利用量（万吨） | 124 | 161 | 230.7 | 252.7 | 239.0 |
| 生活垃圾清运量（万吨） | 208 | 233 | 114 | 118 | 154 |

资料来源：根据相关年份《沈阳统计年鉴》整理。

2001 年，沈阳市确立了创建“国家环保模范城市”的奋斗目标，对城市环境保护与建设提出了严格要求，明确生态环境达标、人居环境优化等五大环境建设任务。从此，沈阳市开始淘汰技术落后企业，退出重污染行业，清理高能耗、高物耗、高排放企业，集中发展汽车及零部件、装备制造、电子信息、医药化工和农产品深加工五大支柱产业。四年来，全市共关停、搬迁装备落后、污染严重和效益低下的工业企业达 600 多家，合并、重组、改造企业达 300 多家，城区内已清除钢铁、有色冶炼、水泥、草浆造纸等重污染行业企业，一环内率先建成居住、商贸、文化、休闲的无污染区域。新崛起的五大支柱产业产值占全市规模以上工业总产值的 70% 以上，产业集约化程度大幅度提高，全市 120 多家重点工业企业已连续三年进行了对生产过程中的消耗、排污全程控制的清洁生产，工业污染物排放总量下降了 21.43%。到 2005 年年底，全市共拆除烟囱 3240 根、拆除各类锅炉房 1250 座，每年减少烟尘排放 4300 多吨，减少二氧化硫排放 5400 多吨。在区域层面，传统工业企业搬迁后，铁西区启动了生态工业园区建设，运用工业生态学和循环经济理念，对铁西生态工业园区进行科学规划，研究和建立入园企业链接关系，促进产业园区的优化升级。目前正在着手将铁西新区的 47 家企业构建成 9 条工业生态产业链，形成 5 个生态工业循环网络，构建工业生态系统、消费生态系统和支持保障系统，实现物流、能流、技术的集成和信息与基础设施共享。通过物流、能流的梯级利用，50% 以上的工业废水处理后回用，年减少固体废物排放 44 万吨，促进了生态工业循环和消费生态循环。

作为以装备制造业为主体的沈阳工业，面临来自能源和环境的双重瓶颈制约。按照振兴老工业基地的目标，未来几年，以装备制造业和重化工业为主导的产业必将进入飞速发展阶段，必然使工业产业对资源依赖程度提高、对环境承载能力需求更大，这给沈阳市老工业城市提出了严峻挑战。必须把大幅度提高资源利用效率、提高科技含量、降低污染排放，作为沈阳市建设新型工业化的根本途径，优先发展资源循环型经济和资源循环型产业，大力建设污染消退、生态恢复、清洁优美的城市环境，充分发挥城市环境对经济和社会资源的集聚、辐射和升值作用，把沈阳市由单一性工业城市转变成综合性生态化城市。

（二）服务业结构调整

沈阳市服务业得到了较快发展，第三产业占 GDP 比重和第三产业从业人员比重分别由 1990 年的 40.6%、30.7% 上升至 2010 年的 46.9% 和 57.5%。沈阳市是以“工业立市”定位的重工业城市，尽管近年来服务业以较快的速度增长，但服务业增加值的速度仍相对较慢，服务业增加值的增长速度与 GDP 的增长速度相比，二者之间的逆差在不断扩大，致使服务业占 GDP 的比重下滑（见表 7－5），使产业结构调整与优化升级的进程受阻。同时，又因为沈阳市是全国制造业基地，制造业与服务业之间的关系越来越密切，从制造业发展的角度看，服务化趋势日益显现，现代服务业正成为制造业企业提高劳动生产率和商品竞争力的关键手段。①2010 年，沈阳市第三产业在全国 15 个副省级城市中排行第 6 位，高于第二产业排行第 9 的位次，在东北三省四市中排位第一，但与其他地区中心城市相比，沈阳市只相当于广州的 1/3，深圳的 2/3。因此，从沈阳市制造业未来发展来看，服务业的发展总量仍显不足。

**表 7－5　服务业与 GDP 增长速度及比重**　单位：%

| 年份 | 1995 | 2000 | 2005 | 2010 |
|---|---|---|---|---|
| GDP | 9.9 | 10.3 | 14.2 | 18.5 |
| 服务业 | 11.7 | 12.4 | 8.9 | 11.8 |
| 服务业占 GDP | 48.0 | 49.4 | 47.4 | 44.7 |

① 吴志红、王庆军：《论沈阳现代服务业与装备制造业的协调发展》，《集体经济研究》2006 年第 25 期。

沈阳市服务业总量不足，内部结构不尽合理。当前，沈阳市服务业的规模增长主要依靠传统服务业量的扩张，主要集中在商贸、餐饮、仓储等传统服务业上，金融、电信、房地产、研发、信息服务、现代物流等现代服务业发展相对不足，这导致沈阳市服务业仍处于低层次的结构水平。普遍认为，金融、房地产、教育、科研技术服务等构成的现代服务业，更具发展潜力，代表第三产业的发展方向。1990 年以来，沈阳市传统服务业居高不下，金融、教育、科研技术等现代服务业比重较小，甚至出现负增长，尤其是金融保险业的比重不断下降，从 1990 年的 21.61% 下降为 2010 年的 8.70%（见表 7－6）。这说明沈阳市第三产业内部结构不够合理，现代服务业发展缓慢、比重太低。在沈阳市服务业发展过程中，代表现代经济发展方向的现代服务业发展滞后是导致沈阳市服务业发展水平落后的主要原因。

**表 7－6　沈阳市第三产业内部生产总值构成情况（1990—2010 年）**　单位：%

| 行业名称 | 1990 年 | 1995 年 | 2000 年 | 2010 年 |
|---|---|---|---|---|
| 交通运输、仓储及邮电通信业 | 17.66 | 16.83 | 17.59 | 17.06 |
| 批发和零售贸易、餐饮业 | 38.44 | 36.47 | 34.67 | 35.01 |
| 金融、保险业 | 21.61 | 20.38 | 12.92 | 8.70 |
| 房地产业 | 1.60 | 3.05 | 2.74 | 2.69 |
| 社会服务业 | 4.40 | 5.71 | 14.11 | 19.31 |
| 卫生、体育和社会福利业 | 2.97 | 3.68 | 3.23 | 3.76 |
| 教育、文化艺术及广播电影电视业 | 4.52 | 5.97 | 7.04 | 6.10 |
| 科学研究和综合技术服务业 | 2.05 | 2.64 | 2.43 | 2.33 |
| 国家机关、政党机关和社会团体 | 5.55 | 4.01 | 3.54 | 3.60 |
| 其他行业 | 0.011919 | 0.012704 | 0.017371 | 0.014884 |

资料来源：根据历年《沈阳统计年鉴》整理，由于 2004 年第三产业内部重新划类，某些行业的数据进行了合并。

鉴于沈阳市服务业内部结构的不合理，内部各行业也在发生重构，通过加快技术改造、劳务培训、信息流通和各类批发市场的增设，优先发展咨询、中介、物业管理、饮食等服务行业。传统服务业有较大提升，在改造和创新中发展，如交通运输仓储和邮政业、商贸流通业等。商务流通业转型升级步伐加快，连锁经营、代理制、电子商务、特许经营等现代流通方式及大型综合超市、大型购物中心、品牌专卖店等新兴业态日渐成为流通业中最活跃的力量。交通运输仓储邮电业正在集聚综合优势向第三方物流转化，城市公共交通得到较大改善，城际公路长途客运和铁路客运运行质量明显提高，沈阳铁路枢纽成为连接东北与关内唯一铁路交通枢纽，沈阳桃仙国际机场成为东北地区最大航空港。在保持传统产业部门发展的同时，金融业、旅游业、会展业、商务服务业及社区服务业等现代服务业迅速发展，更多的固定资产投入其中，这不仅提供了大量就业岗位，也大幅度拉动了第三产业和 GDP 的快速增长。[①] 现代服务业占服务业的比重由 2000 年的 43.2% 上升到 2010 年的 48%。现代服务业进入加快成长期，物流、电信、社会服务、房地产业等行业发展较快。2010 年物流业增加值 287.4 亿元，比上年增长 9.4%。房地产市场持续活跃，2010 年商品房销售面积达到 524.3 万平方米，销售额 139.5 亿元，分别比同期增长 61.4% 和 73.7%。

## 二　产业布局变化

20 世纪 90 年代以来，沈阳市产业结构的不断调整和城市经济的发展，在某种程度上影响着城市产业空间的重新布局，使得产业转型在空间上也得以体现，主要包括以下几个方面，即工业的集聚与扩散、工业郊区化、服务业空间重构、新区建设与旧区改造等。

### （一）工业空间重组

沈阳市工业空间结构重组是一个“破旧立新”的过程，是传统产业空间结构的继承和结构创新二者结合的过程。由于沈阳市工业结构调整，形成了全新的工业体系，使城市形成新的工业布局，改变了其传统的工业生产布局。以浑南、沈北新区开发建设和铁西工业区搬迁改造为标志，沈阳市进入了有史以来最大规模的城市扩张期，呈现出“南北扩张，东西改造”为特点的城市工业发展新格局。沈阳市为促进全市工业向大规模调整升级和区域化集中发展转变，规划建设了功能明确的地域组团——重

① 汪涛主编：《谋划发展，再创辉煌——沈阳市“十一五”发展战略研究》，沈阳出版社 2006 年版，第 62 页。

化工业向西部迁移，汽车产业在北部发展，高新技术产业向南部集中，现代农业加工业向北部扩展。初步形成了“东汽、西重、南高、北农”的工业区域布局，改变了沈阳市中心团层式紧密结构发展模式，有效推动了产业结构在空间上的整合，实现产业结构系统整体能力的增强。郊区逐渐演变成沈阳市存量转移和增量发展所形成的制造业中心，成为大量技术—资本密集型产业的聚集地。

1. 工业的集聚与扩散

20 世纪 90 年代以前，沈阳市工业发展以传统模式为主，城市形成了单中心圈层式紧密结构。新中国成立初期工业区主要集中于铁西、大东两区，后增至铁西、沈海、陵北、大东四个工业区，除陵北工业区外，铁西、沈海、大东三个工业区都集中分布于沈阳市核心区内［见图 7－3（a）］。工业布局调整主要是城市中心区内部调整，并未影响城市空间结构，工业的发展以聚集方式为主。①

20 世纪 90 年代以来，沈阳市工业结构由资本、劳动密集型初加工工业向技术、知识密集型深加工工业转换，这种工业结构的转变使原有的聚集发展变得不经济，同时也为工业的空间扩散提供了可能，促使产业在市域范围内重新分布。从企业自身发展的需求来看，城区高密度建设的局面严重限制了企业的发展空间。一方面，采用新生产工艺和流水线的多数企业需要扩大用地规模；另一方面，要改变计划经济形成的企业“大而全、小而全”的生产方式，整合优良资产向专业化生产集中，发展产业集群，必然需要相对集中的大面积用地空间。这样，新增加的工业企业需要新的城市空间承接，原有工业企业扩大生产规模因受场地限制，也需要新的空间支持。多数企业选择在郊区建设新的符合需求的厂房，从而在客观上促进了沈阳市工业布局的空间扩散，城市布局和工业格局进行了重大调整，工业布局开始向县区扩展。据统计，2005 年，新开工的 1145 个项目中，2/3 布局在郊县，4 个郊区 4 个县（市）和农业高新区项目计划总投资 309.8 亿元，新开工项目 743 个，分别占全市的 43.9% 和 64.9%；县域和郊区工业占全市规模以上工业的比重由 2000 年的 1/10 扩大到 2005 年的 1/3。

① 沈阳市人民政府地方志办公室：《沈阳市志》第二卷《城市建设》，沈阳出版社 1998 年版，第 38 页。

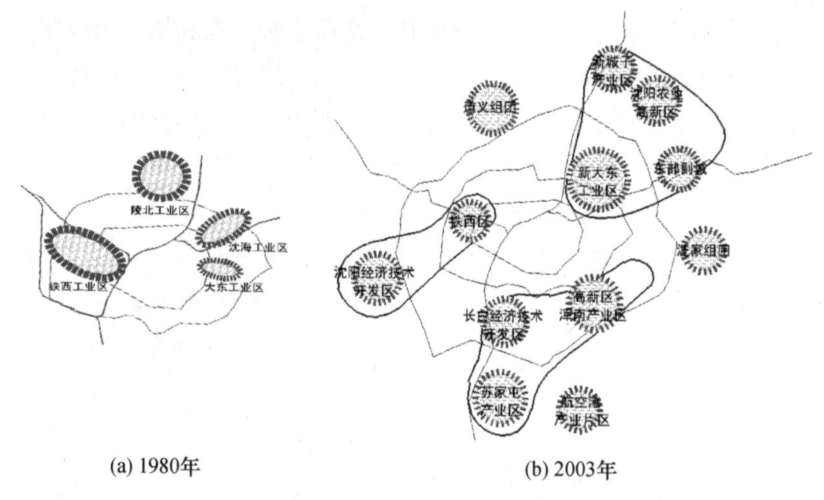


**图7-3　沈阳市工业地域结构变化（1980年、2003年）**

沈阳市工业布局总体呈现中心集中型向周围集中型过渡的发展趋势：位于沈阳市中心区的普通加工业及衰退工业企业迁至郊区发展，原有工业用地被调整为新产业用地及居住用地，制造业、工业、企业数量减少，城市中心区生产功能弱化。根据工业结构升级和郊区乡镇工业集约化的需求，沈阳市通过整合郊区原有工业用地，加快形成工业发展在空间上的四大板块，即“东汽、西重、南高、北农”。“东汽”即以沈阳市大东区为主体的东部汽车产业集中区，以整车为主、零部件为辅；“西重”即以沈阳市铁西新区和规划中的西部工业走廊为主体，发展现代装备制造业基地为标志，包括医药化工、钢铁及有色金属深加工占重要地位的重化工产业集中区；“南高”即以浑南新区为主体，辐射东陵、苏家屯部分区域，形成以芯片、数码产品、自动化装备制造、机器人、生物制药等为代表的电子信息产业及高新技术产业集聚区；“北农”即以农业高新区、新城子区为主体，以名牌产品和龙头企业为依托，形成以乳业、食品、生物制药为标志的农产品深加工和食品产业集聚区。

2. 工业郊区化

城市中心区日益上涨的地价、税收使企业经营成本不断攀升，工业部门，特别是重工业和大型工业企业越来越难以在中心区立足，中心城区工业企业密度已由“九五”时期的14.5个/平方千米下降到“十一五”末的1.5个/平方千米。为了降低生产经营成本，沈阳市对工业企业外迁做了部署和实施，开始了工业郊区化进程。沈阳市轻工局利用地租级差，实施了“腾笼换鸟”的易地搬迁工程；沈阳市计委1994年对76家企业做了易地改造和建设规划；规划、环保等部门对104家污染扰民、占用城市规划绿地和道路、占用文物古迹、土地严重不足以及厂点过于分散的工厂，制定了由城市中心区向郊区扩散的规划。

工业企业外迁，郊区工业经济实力增强，成为支柱产业的重要生产基地和体现沈阳工业实力和水平的场所。2004年，沈阳市所属于洪、大东等四个郊区的第二产业产值占全市第二产业生产总值比重扩大到54.5%，第二产业从业人员占全市从业人员的51.9%，未来工业区规划用地达116.50平方千米（见表7-7）。形成在内环线以都市型工业为主；内环与外环之间的浑南高新产业区和长白经济技术开发区，主要发展生物制药、新材料、电子信息及先进精密制造业为主，新大东工业区为汽车及其配套服务；外环线以外地区发展以制造业为主的第二产业，结合市区大工业向郊区转移，形成航空港产业区、新城子产业区、苏家屯产业区等八大产业区［见图7-3（b）］。

表7-7　　2004年沈阳市工业分布

| 区域 | 第二产业生产总值（%） | 第二产业从业人员（%） | 主要工业区 | 工业区用地现状（平方千米） | 工业区规划用地（平方千米） |
|---|---|---|---|---|---|
| 城区 | 25.9 | 16.8 | 都市型工业区、沈阳高新技术产业开发区、陵北、东基、沈海、大东工业区 | 35.25 | 36.50 |
| 郊区 | 54.5 | 51.9 | 西部新城、空港新城、南部新城、道义、汪家新城、北部新城、新城子新城、大潘新城、林盛新城工业区 | 27.85 | 116.50 |
| 郊县（市） | 19.6 | 31.3 | 新民市、辽中县、法库县、康平县 | 8.80 | 19.70 |

资料来源：根据沈阳市”十一五”规划纲要，《沈阳统计年鉴》（2005）整理。

沈阳市工业企业大量外迁现象始于21世纪初，由于沈阳市区产业的空间扩散尚处在发展初期，产业间扩散主要以渐进式为主，即市区企业向城市近郊区扩散。图 7－4 为沈阳市 1999 年和 2003 年各区的工业企业数，其中中心城区的沈河区、皇姑区和铁西区工业企业数量明显减少，而位于近郊的东陵区和于洪区的工业企业数量已然增加。沈阳市近郊的工业区、经济开发区、高新技术开发区集聚了市区外的许多新建企业和部分“退二进三”调整企业。沈阳市近郊工业化成效显著，成为沈阳市新的工业基地。

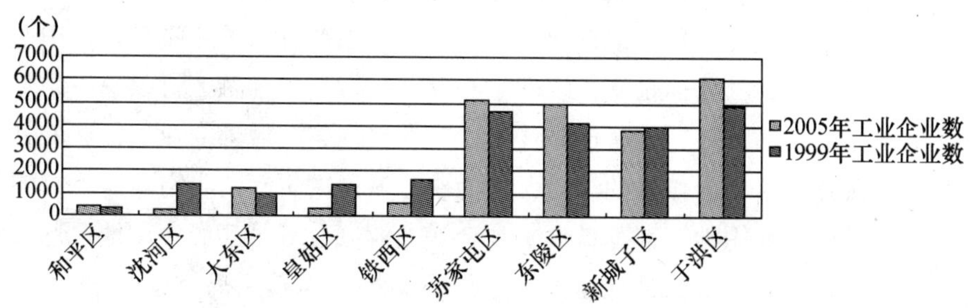


**图 7－4　沈阳市工业企业数量变化**

（二）服务业集聚化

近年来，沈阳市产业结构升级趋势日趋明显，三次产业比例关系中，服务业比重逐步加大，并在未来有可能上升为主导产业。工业内部比例关系中，高新技术产业发展迅速，所占比重也大幅度提升。从本质上说，城市作为生产要素、产品的市场中心和集散地，依托的是服务业。制造业的生产和消费在时间和空间上可以分开，其发展可以不依赖于本地市场容量，而服务业的生产和消费在时间和空间上是不可分的，其对当地市场容量依赖性很强，需要聚集于城市。沈阳市有着十分明显的人口吸纳和人口密集特征。统计资料显示，2010 年，沈阳城区人口 557 万人，建成区面积 264 平方千米，城区人口密度为 2.1 万人/平方千米，其中被称为老城区的市内五区人口密度高达 2.3 万人/平方千米。城市中心区人口密度大，市场容量大，产业聚集和居民聚集的效应直接作用于第三产业的发展，使服务业在城市中心区集聚。城市中心区以生产服务业增长最快，尤其是金融保险业、咨询服务等轻型化产业发展迅速，并且开始向周边地区渗透。

进入 20 世纪 90 年代中期以后，随着沈阳市城市中心区第二产业空间的调整、扩散，中心区工业企业外迁幅度加大。工业企业外迁减轻了城区污染，腾出了中心区高租金土地，有力地支持了第三产业发展，逐渐形成中心城区继续集中发展服务业的局面，并且城市办公功能得到进一步强化。沈阳市城市中心区的工业企业基本上是向二环以外的各产业片区集聚，向用地空间更有保证的郊区发展，形成城市周边区域发展工业的格局。位于沈阳市中心区的机械加工、冶金、电力等重工业企业用地被调整，有序地由中心区向郊区扩散。虽然城市工业和人口已呈现扩散趋势，但生产性服务业的扩散较为缓慢，生产服务业仍然在市中心保持首要地位，而且还将支撑商业和饮食业的发展，因此生产性服务业将是城市中心再开发的核心，其目标是将传统的中心商业区转变为金融、行政、专门化服务的中心。城市郊区以居住小区建设为主要内容，城郊商业居住区的开发，不仅减轻了中心城区的压力，还为中心城区的更新腾出空间。原有城市中心区的工业用地，部分被调整为金融商业办公等第三产业用地，部分被调整为绿化用地，部分保留发展、培育、提升为其他都市型工业用地，这优化了城区土地利用结构。如大东工业区和沈海工业区整合为新大东产业区，产业区二环以内部分逐步引进第三产业，二环以外部分保留产业用地现状并限制发展，逐步向都市型工业转化。

此外，高新技术开发区是沈阳市服务业集聚化的典型区域。由于高新技术产业以其柔性生产方式、聚集化发展的特点，明显区别于传统产业的布局条件和布局模式，它发展的首要前提，是高质量的生态环境和现代化基础设施。这些难以从老城区获得的条件，为城市高新技术开发区提供了更为充分的现实存在依据，在客观上加速了城市扩张。沈阳市因高新技术产业的集聚发展，高新技术区的就业也相应集聚。截至2010年年底，高新区已有科学研究与技术开发机构122个，科研人员1.3万人，企业1793家，从业人员6.9万人。产值超过10亿元的企业有21家，高新技术总产值920亿元，各项经济指标较1991年均增长了100多倍。沈阳市建设以高新技术产业为支撑的浑南新区，为高新技术产业建立和发展预留了新的城市空间。浑南新区的建立为工业自身的发展提供了资金和土地空间，为企业的技术改造、产品结构调整和生产要素的优化组合提供了必要的服务业支撑。它还带动了区内房地产业的发展，进而带动建筑、绿化、餐饮、保安等服务业，拓宽了城市服务业的发展空间。未来，南北金廊与浑河两岸“一纵一横”为新兴与现代服务业区域，这无疑都为服务业集聚提供了理想的城市空间。

（三）开发区发展建设

老工业基地改造过程中，沈阳市重视以高新技术应用带动新兴产业的形成、发展，即将知识视为重要的生产要素，着手培育新兴高技术产业，使其取代传统产业，成为主导产业和新的经济增长点。沈阳市高新技术产业创新的重点领域为：航空航天器制造业、医疗设备及仪器仪表制造业、医药制造业、电子及通信设备制造业等。与此同时，沈阳市将高新技术渗透到传统产业升级改造过程中，将改造和提升传统产业与发展高新技术产业相结合。如在装备制造、医药化工、食品等传统产业中，引进信息技术、现代生物技术、新材料、新能源等高新技术，提高传统产业的技术含量和层次，为传统产业的升级改造提供技术支撑，开拓市场空间。“十一五”期间，沈阳市高新技术产业产值保持以每年20%的速度增长，2010年达到1100亿元，占工业增加值比重由2001年的25.5%提高到30.2%。从产业结构升级的趋势看，高新技术产业将是未来沈阳市产业发展的主导产业。高新技术产业在我国多集中在开发区，以集聚为共同特征，沈阳市高新技术产业就是在新工业区里形成和发展的，这些新工业区是在开发区政策鼓励和地租共同作用下，在郊区新的区位上建立和发展起来的，如沈阳市区西部的沈阳经济技术开发区、市区南端的沈阳高新技术开发区及北部的道义开发区。沈阳市依托高新区，加快高新技术产业化步伐，坚持重点发展智力、技术密集的高新技术产业，创造高附加值产品和拓展新的发展空间，使之成为经济跨越式发展的重要支撑。

1. 沈阳经济技术开发区

沈阳经济技术开发区位于沈阳市西部郊区，邻近铁西区，创建于1988年，1993年经国务院批准为国家级经济技术开发区，实行沿海开放城市经济技术开发区优惠政策，规划建设总面积为86平方千米，是建立在新制度与政策基础上的新产业空间。从微观区位看，是沈阳市近郊型新产业空间。生产、生活服务型的研发培训中心、外商生活区，位于入区道路两侧门户位置，金融和商业中心位于开发区的中心地带和入区道路的尽端处，形成了开发区的生产生活服务区，围绕在其外围的是各具特色的专业化产业园区。开发区空间布局形成了围绕入区门户和中心道路的扇形结构，是相对封闭的空间结构形式。沈阳经济技术开发区，依托城市雄厚的技术基础，充分利用已有的工业基础作为支撑条件，借助邻近的铁西工业区的基础条件发展而成。沈阳经济开发区除了部分高新技术产业外，在城市产业结构升级中所起的作用与其他开发区不同，它是沈阳市的出口加工基地及老工业改组、改造、异地搬迁首选地。从表7－8可以看出，沈阳经济开发区发展迅速，2001—2004年，实际利用外资额增长了一倍以上，工业总产值增长达159.7亿元，成为沈阳市经济发展和就业增长的高地。沈阳经济技术开发区于2002年与沈阳市铁西工业区经过行政区划整合合署办公，将传统产业创新要求与开发区先进技术和管理机制结合，建立了铁西新区。

表7－8　沈阳经济技术开发区主要经济指标

| | 2001年 | 2002年 | 2003年 | 2004年 |
|---|---|---|---|---|
| 全区从业人员（人） | 82862 | 83520 | 85585 | 100922 |
| 实际利用外资（亿美元） | 1.5 | 1.9 | 2.7 | 3.1 |
| 工业总产值（亿元） | 248.3 | 280 | 353.5 | 408 |
| 企业个数（个） | 1283 | 1378 | 1536 | 1658 |

资料来源：根据《沈阳市志》（2005）整理。

2. 沈阳高新技术开发区

沈阳高新技术产业开发区，位于沈阳市最南端，邻近东北大学，创建于1988年，整体规划布局为“一城两区三园”，即科技商城、南塔产业区、浑南产业区、大学科学园、民营科学园、海峡两岸科技工业园。沈阳高新技术产业开发区建立初期主要依托东北大学，经过“八五”、“九五”期间的发展，初步形成规模。“十五”期间，在浑南划定15平方千米土地建设大学城，建立大学、科研院所和高新技术企业联合的科技创新体系。这样，沈阳高新技术产业开发区周围分布有东北大学，沈阳药科大学，中国医科大学，沈阳工业学院，沈阳建工学院，中科院金属所、计算机所、生态所、自动化所等大学和科研院所。高新区主要以聚集其中的高等院校和科研院所为技术依托，借助它们密集的智力资源和技术支持，组建技术研发中心。园区内企业通过产学研相结合的内联式合作，构建与高校、科研院所合作的平台，依靠科技创新，努力提高产品的科技含量和市场竞争能力，以资源优化配置和技术集成配置为重点，促进园区内产业融合，实现技术创新和产业升级，从而形成新的增长极，带动周边地区和所在城市的经济发展。

沈阳高新技术产业开发区自1991年被国务院批准为国家级高新技术产业开发区以来，一直处于外延式增长中。面积由8平方千米扩展到25平方千米，高新技术企业由150家增加到733家。区内以高新技术类产品为主，形成了电子信息、先进制造、生物医药和新材料四大高新技术产业集群，聚集了高新技术企业、软件企业、国家火炬计划项目和国家创新基金项目等，并建立了6个高新技术产业园（先进制造技术产业园、纳米技术产业园、国家"863"软件技术产业园等）。经过13年的初创起步和发展提高，主要经济指标年均增长幅度保持在30%以上，社会效益和经济效益显著，高新技术开发区已成为沈阳市最具活力的经济增长点和高新产业的集聚空间。沈阳高新技术产业开发区为更好更快发展，于2001年被更名为浑南新区，自更名后，区内各主要经济指标也一直保持增长态势（见表7－9）。

**表7－9　　浑南新区主要经济指标**

| | 2001年 | 2002年 | 2003年 | 2004年 |
|---|---|---|---|---|
| 全区从业人员（人） | 61706 | 63853 | 66087 | 67476 |
| 实际利用外资（亿美元） | 1.2 | 2.8 | 4.3 | 4.6 |
| 工业总产值（亿元） | 250 | 261 | 226.9 | 261.1 |
| 企业个数（个） | 5267 | 5728 | 6360 | 5936 |

资料来源：《沈阳市志》（2005）。

3. 道义经济开发区

沈阳道义经济开发区创建于1992年，占地面积65平方千米，是国家级星火工业密集区、省级经济开发区，沈阳市唯一一家省级经济开发区。开发区内划分为国家科技创新区、商贸居住区和大学城三个功能区。道义经济开发区位于沈阳市城区的北部边缘，城市三环高速公路出口处，沈阳至北京101国道贯穿园区，它是沿高速公路沿线布局的高新技术产业集聚区。高速公路因其灵活、快速，为高新技术产业发展所必需，借助这一便捷的轴带通道，可相互转递生产要素，从而达到"即时生产"、快速扩散和吸收信息的目的。

道义经济开发区与中国航天航空工业基地紧密相连，该工业基地拥有一大批军工企业和科研单位，基地人口总数达到30万人，其中高级技术专家有1万余人。开发区内正在建设的沈北大学城，已有辽宁大学、沈阳航空工业学院、沈阳师范学院、沈阳工程技术大学等入区建设，高等院校汇集，智力密集、信息集中、高新技术产业发达。开发区依靠雄厚的工业基础、丰富的人力资源、发达的市场体系，实施以高新技术为先导，以现代工业为主体，第二、第三产业协调发展的经济战略，区内形成的主要产业有食品饮料、生物医药、机电电子、新型建材等八大类，现已初步形成了以生物制药、光电子、新材料、食品工业为主体的产业发展框架。1992年建区以来到2005年年底，累计实现国内生产总值92.1亿元，工业总产值165.6亿元，税收总额5.6亿元，财政收入2.6亿元，出口创汇7117万美元，实际利用外资2.1亿美元，固定资产投入44.7亿元。2005年，道义经济开发区实现国民生产总值17.7亿元，工业总产值36.7亿元，第三产业增加值1.76亿元，固定资产投资完成15亿元，实际利用外资完成1921.5万美元，财政收入6218万元。开发区招商引资成果显著，截至2005年年底，开发区引进各类企业349家，累计投资总额48.8亿元。目前，开发区形成以食品饮料、生物制药、新型建材、装备制造等工业产业为主导的工业产业集群。

近年来，道义经济开发区内工业园区建设、大学城建设、第三产业建设、农民新社区建设及环境整治和城市基础实施配套建设等方面均取得较快发展。2006年，国家正式批准其融入沈北新区建设框架，未来将进一步加快工业园区建设，做大做强食品饮料、生物医药、机电电子、新型建材等四大支柱产业，以沈北大学城为中心，建设高校研发基地，加大力度扶持第三产业快速发展，强化环境整治，加快高标准社区建设，要把沈北新区建设成为多功能、开放型、现代化的新兴城市发展空间。

### （四）铁西工业区改造

从沈阳市工业布局来看，现有四大工业区：铁西工业区、大东工业区、陈相工业区、沈海工业区。其中铁西工业区规模最大，发展最早。1986年，国务院批准对沈阳市铁西工业区实行总体改造并作为全国唯一区域性改造试点工程列入国家“七五”计划。1986—1999年，铁西工业区处于技术改造阶段，企业技术改造是这个时期工业改造的中心任务。据统计，该时期铁西工业区内共安排固定资产投资项目2300个，投资182亿元。其中，技术改造项目1712个，完成投资130亿元。[①] 因为沈阳铁西

① 沈阳市计划委员会、沈阳市铁西工业区改造办公室：《沈阳铁西工业区“十五”区域性总体改造调整计划纲要及2010年发展设想》，2001年4月。

工业区集中了沈阳市75%的国有大中型企业，60%的工业资产，62%的工业产值，60%的工业利税，国有企业的盈亏决定了铁西工业区的经济兴衰。1998年，铁西工业区开始了三年国有企业改革，进入体制改革阶段，大量国有企业破产关闭或通过兼并实现转制，老工业区持续衰退的局面得到一定程度的遏制，出现了恢复性增长。截至2002年，从区内工业布局上看，沈阳铁西工业区通过改造与调整相结合，对沈阳建筑大学以南地区污染、扰民企业进行了治理，重点清理了沈阳冶炼厂等15家严重污染企业，搬迁改造扰民企业60多家，搬迁居民2000多户，基本解决了居民区与工业区混杂问题。另一方面，为加快区内工业规模化、现代化进程，投资建设了占地0.12平方千米东民工业园区，创建了沈阳工业大学高科技创业园。总体上看，沈阳铁西区工业格局变化并不明显，仍是聚集在沈阳建筑大学以北的20平方千米内的工业核心区。

自2002年起，铁西工业区与沈阳经济技术开发区合署办公，铁西工业区步入全面改造阶段。城市中心区的铁西工业区改造加快，区内工业企业逐步外迁，多数被安排在沈阳经济技术开发区，铁西新区实施了“东搬西建”（铁西工业区东部老城区企业向西部开发区搬迁）。2002—2004年，实现通过搬迁企业、出让土地总面积3.5平方千米，盘活土地5平方千米，共外迁企业113户，有103户企业实现了异地建设发展，工业总产值达到46亿元，是改造前的3.8倍。[①] 企业在搬迁过程中完成了体制转换，国有企业改革取得重大突破，企业主辅分离工作全面完成，基本建立起以“三险”为核心的社会保障体系。

2002年全面改造以来，沈阳铁西工业区城区功能与生产力布局发生了巨大变化。整合后的铁西新区划分为三大功能区，即现代商务生活区、现代工业区和科技教育研发区，总面积约为126平方千米，人口102万。原铁西工业区规划建设成现代商贸生活区，沈阳建筑大学以北20平方千米内工业集中区的工业企业被搬迁、转迁至二环以外的沈阳经济技术开发区，生产功能逐渐衰落、外移，逐步完成传统产业向现代工业区的聚集，并初步形成了装备制造、汽车及零部件、医药化工、食品包装、纺织印染服装、新型冶金仪器仪表等十大产业集群，总面积超过20平方千米。铁

① 谷春立：《在铁西老工业基地改造振兴中全面加强党的执政能力建设》，2004年12月22日。

西工业区具有明显专业化意义的产业，除食品、化工工业呈下降趋势，纺织工业、专用机械制造业、普通机械制造业、电器机械及器材制造业区位优势明显上升。[①] 原有优势产业，如机床行业、输变电及电工电器设备、工程机械等行业的优势更加突出。工业企业在搬迁过程中完成了企业规模的有序扩张，进行了工艺流程重组、资源共享，提升了自主创新能力和自主研发能力，实现了产业升级。通过推进新兴产业与传统产业相结合，用高新技术改造传统产业，促进了铁西新区传统产业迅速提高劳动生产率和服务效率，走出了一条具有技术含量高、经济效益好、资源消耗低、环境污染少的新型工业化道路。

## 三　产业组织结构变化

产业组织结构转型是产业转型的一个重要方面，特别是在老工业城市振兴与发展的背景环境下，优化产业组织结构成为提高产业竞争力、促进城市经济发展的重要途径。沈阳市企业间专业化分工和协作水平低，较低水平的专业化分工和协作关系造成大型企业规模经济和产业链延伸受阻，限制了企业间生产技术的联系以及规模经济水平的提高。在所有制结构方面，沈阳市多以国有大中型企业为主，企业战线拉得过长，资源难以集中，不利于形成、发展和强化核心竞争力；企业对市场应变能力差；在企业长链条的生产过程中，能力的不均衡使生产要素利用率低；大企业不能充分实现专业化分工带来的成本节约。在体制转轨和经济转型背景下，综合上述问题，下文分别从所有制结构、市场结构和区域空间结构三个方面阐述沈阳市产业组织结构变化情况。

### （一）产权主体多元化

沈阳市国有大中型企业的比重、资产存量、平均规模都高于全国平均水平，非国有投资者，缺少问题十分突出。抓住振兴老工业基地战略机遇，推进和实现投资主体多元化，实现由单一投资主体向多元投资主体，由国有股为主向以多种经济成分为主，由职工平均持股向经营者、经营骨干、科技人员持大股的转变，建立科学、规范的现代企业制度，是产业组织转变的必然要求。沈阳市在产权主体多元化改造过程中，最重要的是国有资本的重组以及国有企业的公司制改造。沈阳市国企改革大致经历了四

---

① 延善玉：《沈阳铁西工业区改造研究》，硕士学位论文，中国科学院研究生院，2007年，第134页。

个阶段：1984 年，沈阳市被列为全国经济体制改革试点城市；1994 年，沈阳市国企改革进入现代企业制度建设阶段，分批分期进行公司制改造，使股权结构多元化；1997 年，沈阳市以“国企改革与脱困三年目标”和“结构升级”为目标，引导国有企业向战略性重要行业和关键领域转移，向优势明显的企业集团转移；1998 年，沈阳市国企改革提出“与国际对接、与巨人同行”战略，推进国有大中型企业与跨国公司对接。① 不同时期的国企改革目标，在国企改革的进程中都起到了不同的推动作用。当前的改革目标，就是要建立产权多元化企业，规范公司治理结构，提升技术创新能力，解决抑制企业发展的“包袱”。2000 年，沈阳市国有及国有控股工业产值占工业总产值比重下降到 23.9%，低于 28.4% 的全国平均水平。非国有经济得到发展，2010 年当年非国有企业完成产值 1461.9 亿元，占规模以上工业比重上升至 63.9%。“十一五”期间，沈阳市 70 户重点国有大中型企业和绝大多数中小企业完成重组改制，非公有制经济增加值占地区生产总值的比重由 2000 年的 48.4% 提高到 2010 年的 60%，基本达到改革目标。

另一方面，近年来外资投资机构和规模不断扩大，民营资本迅猛发展，这也在一定程度上缓解了所有制结构较为单一、国有经济比重偏高的问题。表 7-10 对比 1998 年和 2010 年沈阳市工业企业的状况。1998 年，数量占一半以上的沈阳市国有及国有控股工业企业完成沈阳市全部工业企业总产值的 61%，由此可见，当时在沈阳市国有工业地位突出，是沈阳市工业的重中之重；2010 年，国有控股工业企业占企业总数的 20.5%，完成全部工业企业总产值的 40.2%。在此期间，沈阳市亏损的工业企业，由原来的 34.1% 下降到 25.7%，其中，国有控股企业比重下降了 5%。伴随产权主体多元化程度的提高，外商投资企业工业总产值占全市工业总产值的比重，由 1998 年的 12.1% 上升至 2010 年的 22.8%。内资企业构成中，个体、私营等非公有制经济和股份制企业发展迅速，其中以私营企业和有限责任公司增长最为显著，增长率分别为 27.9% 和 14.8%，形成混合所有制经济大发展的局面。

---

① 隆啸、王玲玲：《沈阳国企改革：不设限的总攻》，《中国工业报》2005 年 8 月 5 日。

**表 7－10　沈阳市规模以上工业企业情况　单位：个、万元**

| | 1998 年 | | | 2010 年 | | |
|---|---|---|---|---|---|---|
| | 企业数 | 亏损企业数 | 工业总产值（不变价） | 企业数 | 亏损企业数 | 工业总产值（不变价） |
| 总计 | 1139 | 388 | 5508331 | 1836 | 472 | 14934004 |
| 1. 内资企业 | 960 | 324 | 4427762 | 1393 | 328 | 8797676 |
| 国有企业 | 527 | 244 | 1490973 | 217 | 94 | 1332249 |
| 集体企业 | 218 | 41 | 435144 | 217 | 42 | 388468 |
| 股份合作企业 | 47 | 10 | 84720 | 81 | 9 | 313466 |
| 联营企业 | 7 | — | 14225 | 9 | 1 | 32720 |
| 有限责任公司 | 27 | 7 | 567936 | 245 | 65 | 4504750 |
| 股份有限公司 | 28 | 2 | 1295381 | 81 | 18 | 652761 |
| 私营企业 | 104 | 20 | 536865 | 539 | 98 | 1526101 |
| 2. 港、澳、台商投资企业 | 70 | 24 | 411485 | 134 | 51 | 1049897 |
| 3. 外商投资企业 | 109 | 40 | 669084 | 309 | 50 | 3404591 |
| 总计中国有控股企业 | 595 | 259 | 3362399 | 377 | 145 | 6009073 |

### （二）中小型企业迅速发展

沈阳市是全国最后一个退出计划经济运行的城市①，由于受计划经济影响较深，加之大型国有企业比重较大，沈阳市成为“东北现象”的代表，工业企业规模以大型化和分散化为特征。中小型企业受困于经营管理理观念陈旧，企业专业化生产程度低，缺少区域分工与协作，曾一度发展受限。20 世纪 90 年代起，为缓解沈阳市就业压力和促进城市经济发展，考虑到中小企业是大企业的重要补充，中小企业能够全方位为大企业产品提供配套服务，对提高大企业专业化生产程度有一定促进作用，城市开始注重大中小型企业的多元化发展，尤其对中小型企业的发展进行特殊扶持。1997 年开始，沈阳市大中型企业单位个数减少，小型企业发展迅速。规模以上大中型企业单位数占全市企业单位数比重由 1997 年的 21.7% 下降到 2010 年的不足 10%，从业人员占全部规模以上从业人员比重由 1997 年的 76.2% 下降到 2010 年的 58.2%。中型企业的工业生产总值及从业人

① 吴颖慧：《沈阳市中小企业面临发展大好时机》，《证券日报》2004 年 6 月 27 日。

员，也分别由1997年的9.5%、21.9%上升到2010年的38%和27.1%。中型企业与大型和小型企业相比，具有较高的相对劳动生产率，这方面优势明显（见表7-11）。

**表7-11　沈阳市工业企业规模结构**

| 规模以上 | 单位个数 | | 工业生产总值 | | 从业人员（%） | |
|---|---|---|---|---|---|---|
| | 1997年 | 2010年 | 1997年 | 2010年 | 1997年 | 2010年 |
| 大型企业 | 9.1 | 1.3 | 57.1 | 25.4 | 54.3 | 31.0 |
| 中型企业 | 12.6 | 7.6 | 9.5 | 38.0 | 21.9 | 27.1 |
| 小型企业 | 78.2 | 91.1 | 33.4 | 36.6 | 23.7 | 41.8 |
| 合计 | 100 | 100 | 100 | 100 | 100 | 100 |

数据来源：根据《沈阳统计年鉴》（2000）、《沈阳统计年鉴》（2011）整理。

### （三）增强企业合作

企业合作包括企业内部和企业之间的协同工作。[1] 沈阳市工业企业内部组织形式由“橄榄形”结构逐渐向“哑铃形”结构发展，即减小生产部分，扩大研发和销售部分，这与市场经济发展是相适应的。企业之间的专业化协作水平增强。沈阳市工业结构中，机械工业一直占有举足轻重的地位，机械工业是最适于组织专业化协作生产的行业，这是由机械产品工艺过程的分阶段性和产品的可组合特点决定的。然而，过去沈阳市机械行业专业化协作水平很低，在典型机械工业企业里，有着一应俱全的车间，绝大部分工艺阶段和零部件生产均由企业自己完成，外协件和外协工艺阶段比重很低。[2] 80年代以来，在沈阳铁西工业区实施以专业化协作生产为重点的整体改组后，企业间专业化协作水平有一定提高。

同时，工业企业也在加强与高等院校、科研机构的合作。沈阳市几大开发区都以聚集其中的高校和科研院所为技术依托，组建技术研发中心，区内企业通过与高校、科研院所合作，构建产学研相结合的内联式合作，促进产业融合。开发区内知识关联度影响产业关联度，产业之间围绕知识生产和价值实现形成了产业融合，产业融合依照知识生产、扩散和应用的

① 中国制造协作网（http：//www：cmc：gov：cn/version2/application/xitong：asp）。

② 姚宁：《沈阳市新工业化战略研究》，硕士学位论文，大连理工大学，2003年，第101页。

顺序展开。[①] 工业企业与辅助生产和服务生产组织的分离也是一种企业合作方式，并且这种趋势愈加明显。据统计，沈阳市18户企业集团辅线单位共有448户，资产45.8亿元，占18户企业集团总资产的7.2%，涉及职工6.5万人，占职工总数的23%。到1999年年末，18户企业集团共分离辅线单位379户，占单位总数的84.6%，分离资产40亿元，占辅线总资产的87.5%。但其他大中型国有企业推进主辅分离工作成效目前尚不明显，需要加大力度，督促实施。

## 第二节　20世纪90年代以来沈阳市产业转型影响因素

### 一　经济发展与城市建设

#### （一）开放经济的外部作用

沈阳市以其特殊的地理位置和区位优势，不仅成为东北三省的商贸中心，还成为发达国家和地区，尤其是东北亚经济圈中的日韩在新一轮国际产业转移过程中向大陆投资的主要承接地。改革开放以来，外商在沈阳市的投资一直增加，特别是在振兴东北老工业基地以后，城市利用外资额更是大幅度增长。2010年为55.9亿美元，较2005年的26.8亿美元翻了一倍还多。特别是韩国、日本和中国香港，一直是沈阳市利用外资的重点国家和地区，它们与东北地区的产业转移日益活跃，符合国际产业转移的区域内部化趋势。[②]“十一五”期间，上述国家地区的投资占沈阳市利用外资总额的57.6%。

全球产业结构调整，工业梯度转移，加之沈阳市现有制造业基础及产业工人的素质，使其可能成为世界区域性“制造业中心”。来自日韩等发达国家和地区的国际制造业转移不仅能提高沈阳市的就业水平，同时还能通过技术扩散和技术溢出效应提高城市制造业生产能力及产业竞争力。沈阳市靠近资源产地，市场腹地大，不仅是制造业本身的区位条件，而且也

---

① 郭丕斌：《新型城市化与工业化道路——生态城市建设与产业转型》，经济管理出版社2006年版，第72页。

② 沈阳市对外贸易经济合作局：《沈阳市利用外资和对外贸易总体情况》，2006年4月18日。

越来越成为研发机构的区位优势，这使得城市建设区域性研发中心成为可能。对于国有制造业发展缓慢、技术滞后、自主创新能力薄弱的沈阳市来说，可以通过国际产业转移成为区域性研发中心，促进城市产业技术升级换代，实现产业高级化，完成经济增长方式的根本转型。

国际产业转移的主要承担者是跨国公司。至2010年年底，已有44家世界500强企业落户沈阳市，兴办企业63家，其中包括美国通用、日本丰田、美国百事等大型跨国公司。沈阳市一批在国内有显著优势的组装加工制造业企业，采用与跨国公司合作的方式，使组装加工制造业能够融入全球性产业重组，大幅度提升城市的产业优势。与此同时，在新一轮产业重组中，城市制造业原有的协作配套关系也将被打乱，例如通用集团内的鼓风机、气压机、电机、水泵等企业，正在实施或规划分别与德国、日本、美国、法国等国十几家世界著名跨国公司合资。① 这些企业将在不同程度上纳入跨国公司的全球分工体系，促进跨国公司的全球配置。

（二）国内经济发展梯次转移

沈阳市雄厚的工业基础，良好的科研优势，丰富的人力资源，具备承接大规模、高层次产业转移的良好条件。对比自然资源相对匮乏、要素制约日益突出、投资成本急剧攀升的国内相对发达的其他城市，沈阳市拥有相对丰富的土地、能源和原材料资源，加之作为中心城市所拥有的发展空间和独特的市场、区位和产业等优势，使城市的吸引和辐射力不断增强，为工业经济提供了较大的发展空间。同时，沈阳市产业特色明显，国家科技部确定其为“用高新技术改造传统装备制造业试点城市”。沈阳市作为提供工业装备尤其是高水平的成套装备、重型机械装备、精密加工装备基地，具有很大的发展空间。随着国家老工业基地振兴政策的实施，沈阳经济区七城市经济一体化步伐的加快，为沈阳市成为东北经济中心城市创造了优越条件，使中国经济增长中心向东北、向沈阳转移。因此，除国际产业转移加速作用外，国内经济发展趋势梯次转移，也对沈阳市产业转型起到了重要的推进作用，成为其不可缺少的区位因素。

（三）老工业区改造和新工业区建设

经过20世纪90年代房地产开发热以后，沈阳市核心区的用地扩展速

① 姚宁：《沈阳市新工业化战略研究》，硕士学位论文，大连理工大学，2003年，第101页。

度趋缓，用地发展方式以“退二进三”、棚户区改造和环境建设等城市更新内容为主。城市第二、第三产业相向运动的“退二进三”一般发生在市区。从新中国成立初期到改革开放前，沈阳市的工业企业，尤其是重工业企业大多设立在铁西、大东两区。改革开放后，尤其从80年代末开始，受城市产业基础及产业发展方针影响，加之城市中心区日益上涨的地价和税收，企业的经营成本不断攀升，工业部门特别是重工业和大型工业企业，越来越难以在中心区立足，因此出现传统行业、旧工业区的衰退和新工业区的兴起。

工业企业竞争能力弱，在土地有偿使用条件下，被迫向城市外围迁移，随之进入的是竞争力较强的第三产业。工业企业迁移过程中，可以利用出让土地所得的资金，促使企业产品结构与技术结构升级，增强产品竞争力。沈阳市的老工业区多建于“一五”、“二五”时期，以传统产业为主体。老工业区普遍存在产业结构不合理、生产设备陈旧、技术手段落后等问题，老工业区的改造建设影响着城市产业结构升级的步伐。在沈阳市中心区工业企业外迁的情况下，工业布局在城市形成点状、带状形式。与此同时，在城市边缘区却聚集了许多工业区域，与城市形成圈层式或树枝式发展格局。① 如在开发区政策鼓励和地租共同作用下成立的新工业区，就是在郊区新的区位上形成和发展起来的。如沈阳市区西部的沈阳经济技术开发区，市区南端的沈阳高新技术开发区及北部的道义开发区。这些新工业区里形成和发展的是高新技术产业，即沈阳市未来的主导工业产业，意味着城市工业产业结构的高级化与工业区位的边缘化相一致。

## 二　制度改革与振兴政策

### （一）开发区建设和行政区划调整政策

开发区以其人力资源、土地资源、政策倾斜等优势，成为外商投资的首选区位。外商直接投资和对外贸易的空间差异，必然带来经济增长的空间不平衡，成为城市工业空间重组的主要外部动力。②

---

① 周娟、刘亚臣：《工业区位及其影响因素浅析——以沈阳工业区位布局为例》，《沈阳建筑大学学报》（社会科学版）2005年第4期。

② 王战和、许玲：《高新技术产业开发区与城市经济空间结构演变》，《人文地理》2005年第2期。

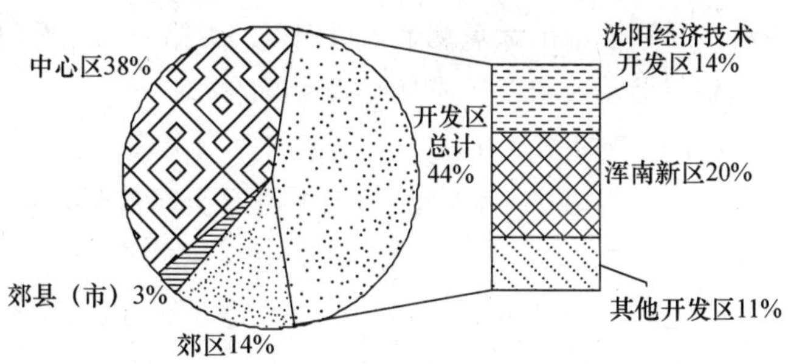


**图7-5 2010年沈阳市外资分布**

20世纪90年代以来，沈阳市开放型经济发展迅速，成为工业发展新的动力。2010年，沈阳市实际利用外资24.23亿美元，占辽宁省利用外资总额的67.5%。外资的空间分布，主要集中在具有良好基础设施和开发条件集聚效益显著的开发区，开发区日益成为吸收外商投资的生长点（见图7-5）。据统计，2010年沈阳经济技术开发区与浑南经济开发区实际利用外资额分别为3.07亿和4.62亿美元，占沈阳市实际利用外资额的34%，已成为沈阳市外商投资的重点和利用外资增长最快的地区。2010年沈阳经济技术开发区与浑南新区工业总产值占全市工业总产值的21.9%。开发区对经济发展的支撑和拉动作用正在逐年增强，已成为带动沈阳市老工业基地振兴的增长级和活力源。

行政区划调整对沈阳市的影响是在全局范围统筹后对“经济利益的再分配”，它是按照区位相连、便于管理、统筹规划的原则进行的。20世纪90年代以来，沈阳市大的行政区划调整，主要包括1993年将原铁岭市的法库、康平县划归沈阳市管辖。同年，新民县撤县设市。至2001年年末，沈阳市辖和平、沈河、大东、皇姑、铁西、于洪、苏家屯、东陵、新城子9个市区以及新民、辽中、法库、康平4个县（市）。2006年，经民政部同意将沈阳市新城子区更名为沈北新区。“十一五”规划中，在现有的沈河、和平、皇姑、大东、铁西、东陵、于洪、苏家屯、新城子9个行政区的基础上，酝酿对新民市、康平县、法库县、辽中县实行“撤县建区”，这样原有的9个行政区将增至13个，经济发展空间增大。以沈河区为例，全区居住人口60多万人，土地面积仅18平方千米，支柱产业主要是第三产业，已无再发展空间。因此，沈阳市的行政区划调整，决定采用城区督管部分农村的办法。这样，形成以城带乡、以乡促城的发展模式，也有助于农村中从事农业的大量剩余人口向第二、第三产业部门转移，为城市产业转型提供劳动力资源，满足经济发展的要求。

（二）土地有偿使用制度改革

同国内其他老工业城市一样，沈阳市中心区土地被企事业单位占用，土地的区位地租没有很好的利用，城市土地利用效率低下。沈阳市从1992年全面开展土地有偿使用制度改革，开始实施土地出让金制度，按照规定：凡以出让等有偿使用方式取得国有土地使用权的建设单位，按照国务院规定，均需缴纳土地使用权出让金。但是，在制度实施过程中，很多开发企业采取各种手段，规避缴纳土地出让金，加之沈阳市地价偏低，这些都阻碍了土地市场化的顺利进行。进入21世纪，沈阳市作为东北地区最大的中心城市，地价并没有取得与区域中心相匹配的价位。根据国土资源部对我国36个重点地区和主要城市地价动态监测报告显示，沈阳市地价2004年排名第22位，基准地价水平处在中游偏下水平，地价指数增幅处在较低水平，与其中心城市地位极不相称。[①] 随着沈阳市由单一工业生产基地城市向现代化经济中心城市转变，特别是国家振兴东北老工业基地重大决策以及配套政策、措施的到位，沈阳市对于国际、国内的吸引力显著增强，土地市场总趋势将呈现需求强劲、持久态势，拉动了地价上涨，沈阳市土地市场化进入规范化良性发展阶段。土地市场化激发了土地使用者的经营活力，增强了竞争机制，从而引起城区产业结构发生调整，以便有效地利用土地、提高土地效益。

沈阳市随着工业化进程的加速和城市化整体改造的深入，地价上涨是必然趋势。城市建设飞速发展，基础设施改造力度加大，尤其是景观路建设、金廊工程、棚户区改造、公园绿地及水系建设、大中型工业企业搬迁等，都已经引起局部地区地价水平发生较大变化。通过更新调整，基准地价水平的区域分布合理，商业用地和住宅用地上涨幅度较大，工业用地基准地价上涨平缓。这样，沈阳市土地可分为五个等级，各级别出让地价差异显著（见表7-12）。考虑各级土地的市场价位，城市产业空间布局需要重新调整。沈阳市在中华人民共和国成立初期推行以重工业为主的工业化，导致城市土地利用布局呈现以工业用地和行政单位用地为核心的局

① 沈阳市对外贸易经济合作局：《沈阳市利用外资和对外贸易总体情况》，2006年4月18日。

面。工业区规模大，占有大面积的非生产性用地，行政单位本身并不创造经济效益。这一切在市场经济条件下都与集约有效地利用土地、提高土地生产率相矛盾，在与商业企业的公平竞争下，工业区将纷纷让出城市中心级差地租较高的土地而迁往商业区的外围。由此增加了城市（中心）城区商业用地的比重，减少了工业用地比重，使土地利用结构趋于合理化。

**表7－12　　沈阳市不同级别出让地价（2004年）**　　单位：元/平方米

| | Ⅰ | Ⅱ | Ⅲ | Ⅳ | Ⅴ | Ⅵ | 全市平均 |
|---|---|---|---|---|---|---|---|
| 毛地出让 | 456.95 | 662.63 | 402.83 | 291.36 | 336.10 | 217.63 | 337.03 |
| 净地出让 | 2057.00 | 1482.55 | 1111.76 | 1298.75 | 1107.32 | 841.88 | 1235.60 |

资料来源：张小武、朱道林、王霞：《土地招拍挂制度及地价与房价关系的实证研究——以沈阳市为例》，《价值理论与实践》2005年第6期。

沈阳市土地置换是以土地市场化为基础，以级差地租换取改造的资金。土地置换成效最显著的是铁西新区。铁西老工业区共有土地20平方千米，并入新区的经济技术开发区规划为34平方千米，铁西区当时地价为1500—2000元/平方米，而经济技术开发区为200元/平方米，两地相比有1500元/平方米左右的级差地价。实施置换，将铁西老企业搬迁到经济技术开发区，土地置换的收益将达到300亿元，打破了铁西改造的缺少资金“瓶颈”。2004年，铁西新区建立，将铁西区和沈阳经济技术开发区合署办公，铁西新区采用“退二进三”，“退二进三”就是第二产业退出城区主要路段，引入有可持续竞争力的第三产业，以土地置换的级差地租换取改造和复兴的必要资金。“退二进三”决策是对老工业区系统性、整体性和彻底性的改造，是集企业搬迁、并轨、合资、转制、就业于一体的多赢策略，凸显了产业升级和企业重构的特点。企业在新规划的经济区内做强做大的同时，经贸、流通、零售等第三产业进驻铁西新区，更新与改变了核心区的建筑面貌。

仅2003年，铁西区搬迁企业就腾出土地360万平方米。到2004年为止，铁西区共有115户工业企业搬迁到沈阳经济技术开发区，腾出土地600多万平方米。通过土地置换，以土地招商等城区土地市场化运作方式，铁西区历史性地基本解决了企业搬迁改造所需要的资金，因为拥有了土地收益金，企业冗员很快剥离出去，有的企业采取“买断”方式一步到位。土地置换是土地市场化的新思维在老工业城市改造过程中的胜利所向，它为城市产业空间重构创造了条件，使城市产业转型成为可能。实践表明，城市中心区土地功能的置换，既提高了城市中心的土地收益，也为工业活动拓展了发展空间，加快了生产要素的空间优化。

（三）东北老工业基地振兴政策

东北地区土地辽阔肥沃、矿产资源丰富、工业基础雄厚，装备制造业特别是重大装备制造业至今仍具有产业优势。一直到20世纪80年代初，东北三省经济总量和对国家的贡献一直名列各地区之首。即使是在当前东北经济比较困难的情况下，东北三省的粮食、石油、煤炭、化工、电力、重型装备等在国内也占有重要份额。随着改革开放的不断深入，东北老工业基地的体制性、结构性矛盾日益显现，进一步发展面临着许多困难和问题，主要表现在：市场化程度低，经济发展活力不足；所有制结构单一，国有经济比重偏高；产业结构调整缓慢，企业设备和技术老化；企业办社会等历史包袱沉重，社会保障和就业压力大；资源型城市主导产业衰退，接续产业亟待发展，等等。

鉴于东北地区经济发展现状和在国家经济与社会发展中的地位，2003年，中央出台《关于实施东北地区等老工业基地振兴战略的若干意见》，明确提出实施老工业基地振兴的目标和要求。加快东北地区等老工业基地调整、改造和振兴，既有利于国有经济布局和结构调整，又有利于提高我国产业和企业的国际竞争力。国家把振兴东北老工业基地国策地位，对集中、彻底解决东北面临的一系列深层次问题必将起到极大的推动作用。目前，国家推出了一系列切实可行的政策措施：创造有利于扩大就业的环境，完善社会保障体系；选择部分老工业基地城市进行分离企业办社会职能试点，有步骤地剥离重大企业办社会职能，中央企业分离办社会职能所需费用由中央财政予以适当补助；深化投资体制改革，简化老工业基地调整改造项目审批程序；推进资源型城市经济转型；在财政税收政策方面对老工业基地予以适当支持。其中改革增值税，对东北老工业基地装备制造业、石油化工业、冶金工业、船舶制造业、汽车制造业、高新技术产业、军品工业和农产品加工业等八个行业，在新购进机器设备时，可以将所含的增值税税金予以抵扣。这对于固定资产投资活动频繁的沈阳工业经济来说，意味着生产成本的降低，将使沈阳成为境内外客商投资的洼地。

此外，由于目前我国尚处于工业化的中期阶段，在新一轮全球产业地域分工体系中，重化工业是我国参与国际产业分工的主体部门，装备工业、原材料工业地位突出的东北地区在推进我国工业化进程中应继续发挥主体与支撑作用。按照国家、辽宁省委、省政府要求，沈阳市提出了产业结构战略性调整的核心是工业结构升级，以升级带动调整的发展战略。大力调整工业结构，加大对沈阳市第二产业的投入，沈阳市工业有序进入了高速发展阶段，年均增长率达到26.3%，基本形成以机械装备制造、汽车及零部件、电子信息、医药化工和农产品深加工为支柱产业的工业体系。

## 三　国有企业改革与创新环境

### （一）国有企业改革

计划经济体制下形成的单一国有经济占主体的经济结构不适应新时期开放与竞争的国内外环境，这成为沈阳市工业发展的主要制约因素。沈阳市工业总产值中，公有制经济成分比重过高，国有企业活力不足。机制性、结构性矛盾困扰着沈阳市国有企业的发展，部分企业不能适应日趋激烈的市场竞争，处境困难，从而导致了整体性经济结构的"老化"及区域功能衰退。

1997年，沈阳市开始了以体制改革和结构升级为主要内容的国企改革，大量国有企业纷纷破产关闭或通过兼并实现转制。[①] 1990年，沈阳市有国有企业800多户，到2004年年底，国有及国有控股企业只剩下500多户，而这些企业也经过了投资主体多元化的改造，国有企业的生产总值只占全市GDP的20%左右。

国有经济战略性调整取得重要成果，困扰国企发展的深层次矛盾大部分得到解决。经济体制得到了改善，提高了企业的整体效益，为沈阳市工业发展提供了制度保证。如产权制度改革改变了单一所有制结构，使国外大企业的先进技术、科学管理、新的理念能够被引进并打开国外市场。而对国有骨干企业的综合改造过程中实施的异地搬迁重构，使沈阳市老工业区里的大多数国企完成或正在完成减负、改造、合资。此外，针对沈阳市工业部门相对分散的情况，进行产业和企业的战略性重组，吸引外资和民营资本参与产业和企业重组，集中搞好有比较优势和竞争优势的产业集群和大项目，使资源向优势产业、优势企业集中，产业转移主要转向汽车及

① 张平宇：《沈阳市铁西工业区改造的制度与文化动力》，《人文地理》2006年第2期。

零部件、装备制造、电子信息、医药化工和农产品深加工五大支柱产业，实现产业升级换代和重组整合。

（二）发展高新技术

1989年8月，沈阳市开始实施以高新技术改造传统产业。这一年，原国家科委批复沈阳市为国家“加速高新技术产业化，促进传统产业改造”试点城市。2000年4月，科技部将沈阳市确定为“用高新技术改造传统装备制造业，推进装备制造基地建设试点城市”。2001年12月，又将“沈阳市用高新技术改造传统装备制造业示范工程”列入“十五”国家重大科技攻关计划加以实施，使沈阳市用高新技术改造传统装备制造业工作进入了一个新的阶段。近年来，沈阳市开始组织实施“4515”工程、“百亿工程”、“科技大船工程”、“双创新工程”、“特别快车计划”等一系列高新技术产业化工程，组织了一批高新技术产业化项目。通过资金引导、政策保障、环境推动，沈阳市目前已经形成了信息、自动化、现代生物及制药、新材料、节能与环保和现代农业六大高新技术产业竞相发展的态势。

以技术引进为主要特征的技术进步加快了沈阳市工业化进程，推进了产业结构的快速变化，产业结构呈现升级特征。近年来，高新技术发展及高新技术产业化增加了高新技术产业在沈阳市产业结构中的影响和比重，促进了传统产业向高新技术产业的转化。据统计，2001年，全市实现高新技术产值520亿元，是1991年的22倍，占工业总产值的比重比1991年增加了21个百分点，达到27%。高新技术产业已成为沈阳市国民经济发展中最具活力的部分。沈阳市科技三项费由2001年的8640万元增加到2010年的12211万元，R&D投入由18.8亿元增加到31.36亿元，占GDP的比重由1.52%提高到1.65%，规模以上工业企业新产品产值年均增长20%，提高到2010年的30.17%。2010年沈阳市规模以上企业高新技术产值占规模以上工业总产值的53%。

与此同时，为给沈阳市高新技术产业规模化发展搭建重要载体，沈阳市规划了“一环、一廊、两片群”高新技术产业带，重点发展先进装备制造、电子信息、汽车及零部件、生物技术、化工与新材料、民用航空、节能与环保、现代农业等高新技术产业，建设数控机床及数控系统、重型装备制造、输变电装备制造等12个高新技术产业化基地。高新技术产业带的规划建设为沈阳市实现高新技术持续创新和高新技术产业迅速扩张，创造了有利条件，提供了可供集中开发区域。在一定程度上也提升了老城市空间，拓展了广阔的新发展空间，整合了新老城区资源，加速了创造高附加值产品和满足组合新空间的需要。

（三）工业文化影响

沈阳市是我国著名老工业城市，门类齐全的工业体系形成了其特有的工业文化内涵，“工业兴，沈阳兴”的观念根深蒂固。虽然沈阳市是一个集工业基地、现代都市、民族文化、旅游休闲等功能于一身的结合体，具备经济发展、文化沉淀和文明进步等各种发展要素，但在沈阳市的一贯城市定位中，只有老工业城市的称号深入人心，其他的城市功能与特色不明显；导致城市中存在着深厚的工业文化情结，崇尚工业的传统长期影响了沈阳市工业改造的方向。如在沈阳市铁西区改造的大半历程中，改造的基本路线就是技术改造，大部分的资金、物力和人力投放在技术改造上。直到20世纪90年代末期，发展服务行业、调整产业结构的改造思路才开始受到重视。尽管“工业立区”仍然是铁西新区产业结构调整的基本战略，但是铁西新区将被彻底打造成现代商贸生活区的事实，表明了铁西新区经济文化观念发生了的根本转变，已不再重工轻商。[①]

还需指出的是，沈阳市工业文化特色已经形成了独特的吸引力。在职业教育上的体现，就是沈阳市拥有大量的技术工人。随着科技进步和产业结构优化升级，低技能的就业岗位比重正在减少，高科技、复合技术性的就业岗位比重不断增加。对职业教育发展来说，应加大高素质技术工人的培养，增强办学活力和技工人才的资源储备，有效地缩小经济发展与人才需求间的差距，保证城市产业转型顺利进行，为沈阳市的产业升级和结构调整提供人才储备和人力资源。

## 四　资源保护与环境改善

（一）提高土地集约化程度

通过调查沈阳市各类土地利用情况，发现（1996—2005年）10年间，沈阳市建设用地面积增加了20645公顷，建设用地产出率逐年提高，单位土地面积投入逐步加大。2001—2004年，沈阳市每增加1公顷建设用地，GDP增长与财政收入增长分别比1997—2000年增加13万元和26万元。由于受到经济发展水平和城市综合竞争力等因素的限制，建设用地

① 张平宇：《沈阳市铁西工业区改造的制度与文化动力》《人文地理》2006年第2期。

特别是工业用地的集约利用程度还比较低，全市平均每平方公里工业用地的增加值为7.71亿元，市区刚刚超过8.60亿元，与东南沿海城市相比，尚有一定差距。此外，沈阳市部分建制镇用地和农村居民点用地浪费严重，39.5%的人口占用了全市64.1%的居住用地，某些小城镇人均用地面积高达400平方米，农村居民点人均用地达到365平方米，是国家《村镇规划标准》上限的两倍以上，且布局分散，规模小，数量多。

沈阳市作为东北地区中心城市，具有很高的集聚效应和辐射功能，迫切需要其快速发展来带动东北老工业基地振兴。目前沈阳市三环内建设密度和强度均很高，但人均用地也只有69平方米。2001年，我国特大城市建成区平均人均建设用地面积已经达到97.7平方米，高出沈阳市28.7平方米。按照世界中等发达国家水平，人均建设用地面积至少应该达到90—125平方米。由此可见，目前沈阳市较低的人均建设用地使现代都市的公共服务、文化教育、休闲娱乐、生态环保等功能都无法充分发挥，生活、生产、交通等基本功能也得不到较好的满足。这在一定程度上影响了沈阳市、沈阳经济区，甚至整个东北地区的振兴步伐。

20世纪90年代以来，可持续发展观念得到普遍重视，新的生产方式和行为准则对沈阳市土地利用产生了很大影响。为保证未来沈阳市经济发展对土地的需求，改善目前土地集约化程度低的现状，使其符合土地投资强度指导标准，提高单位土地的投入和产出水平。产业需要向资金和技术密集型转化，提高土地集约利用水平和土地资源利用效率，规范土地资源配置管理，优先安排对全市工业有重大牵动作用、符合工业布局调整方向的投资项目用地需要。此外，由于沈阳市城乡土地资源的利用效率差距大，城区人均建设用地紧张，而部分建制镇和农村居民点土地浪费严重，产业空间布局需重新调整，尤其要拓展工业发展空间。其重点在于老区调整与新区开发，按照城区工业发展控制标准，加快二环内重点工业区的工业区用地调整，完成重点企业搬迁，加快西部工业走廊和沈北开发步伐，做好基础设施配套建设，为工业经济持续快速发展做好空间准备。而这些恰恰是沈阳市未来产业转型的重点，它们又都基于城市土地资源的严格限制基础之上。

（二）减少能源与原材料供给压力

沈阳市具有独特的区位优势和中心城市地位。从资源赋存状况看，在以沈阳市为中心的150千米的半径内，有一批资源丰富、实力雄厚的辽宁中部工业城市，如鞍山、本溪、抚顺、辽阳、铁岭、营口等。从城市间产业关联上看，鞍山是“钢都”，是国内最大的钢铁板材生产加工基地和配送中心；抚顺是“煤都”；本溪以矿产资源、黑色金属资源和有色金属资源丰富而著称；辽阳以化工、化纤、塑料等产业为主；铁岭是辽宁省重要的农产品生产基地，也是东北地区重要的煤电之城。这些城市都生产原料型产品，而沈阳市是以装备制造业、高新技术产业、现代农业，特别是汽车制造业为主导产业的重要工业基地。周边城市与沈阳市资源互补，周边城市是沈阳市重要的工业原料、能源供应基地，也是农副产品、商品粮的重要供给地区；另外周边城市对沈阳市工业所需的能源、原材料加工和相关配套能力也比较强。从地域分工角度分析，这是一种垂直分工，沈阳市位于分工体系的顶端。[①] 在进入市场经济和体制转轨过程中，资源的不可再生与经济持续发展的矛盾进一步激化，资源型工业城市陷入“因资而兴、因资而困”的局面。能源、原材料供给不足的现实压力促使沈阳市进行工业结构调整，减少原材料加工型产业，大力发展加工组装型产业，从劳动和资本密集型产业逐渐向技术密集型产业转变。

从沈阳市自身看，改革开放以来，以煤炭为主要能源的大型工矿企业效益日渐低下，经济效益的微薄增长是以严重的环境污染和低效率的能源消耗为代价的，沈阳市甚至曾被列入世界十大污染城市的“黑名单”。究其原因，一方面，为遏制工业污染、改善环境；另一方面，随着煤炭资源枯竭、能源衰竭又给城市经济发展提出了更苛刻的难题。与此同时，沈阳市放弃了冶炼、造纸、建材等原材料产业，只有原材料产业中的化工企业、制药企业获得了跨越式发展，而这两类企业的发展也不是原来意义上的化工、医药产业，而是产品逐渐更新换代，不断向下游产品拓展的新型产业。[②] 此外，能源、主要原材料价格上涨，给沈阳市汽车、钢铁、有色金属、化工等对能源、原材料依赖程度较高的重化工业的发展也带来了挑战，如何通过结构调整、技术改造提高能源与原材料利用效率，也成为沈阳市经济发展的新课题。

### （三）提高环境承载力

沈阳市是东北重工业基地的代表，产业发展以粗放式和重型结构为主

① 孙森：《沈阳工业区位变迁与城市工业结构的优化》，硕士学位论文，东北师范大学，2002年，第134页。

② 刘丽娜：《沈阳原材料工业拉长产业链》，《辽宁日报》2005年3月11日。

要特征，形成以冶金、机械、石化、建材等为主导的典型重化型产业结构。多年以来，沈阳市的工业布局混乱，每个城区各行各业混杂并存，污染源多而重复，种类复杂，污染呈加权增长。这种产业结构和工业布局不仅能耗高、原料需求多、运输量大、污染重、资源综合利用差，而且大多数污染严重企业集中在中心城区，居民区和工业区混杂，导致城市中心地区环境污染严重。此外，城市一次能源消耗量大，能源构成中煤炭占70%，燃煤会产生大量的粉尘和二氧化硫，对大气污染严重。因此，能源结构、工业结构和城市布局不合理，污染物排放总量大、燃煤装置多、排放密度大，加之扬尘污染、机动车尾气污染所占比例不断上升等一系列问题导致的环境污染成为沈阳市经济发展的制约因素。这不但阻碍了城市经济的持续发展，进而使沈阳市在过去几轮国内城市的竞争中处于劣势，位次一再后移。

这些问题要求沈阳市必须调整优化城市产业结构，逐步减少资源和能耗大、污染较重的第一、第二产业，大力推动能容纳较多劳动力、消耗少、污染轻的第三产业的发展，以利于环境和自然资源得到合理的配置与保护。在城市工业结构方面，推行新型工业化，积极发展知识经济，鼓励高新技术产业等生态环境影响系数低的产业发展，严格限制重工业等高能耗、重污染、生态环境影响系数高的产业的大幅度增长。淘汰重污染行业，集中发展汽车及零部件、装备制造、电子信息、医药化工和农产品深加工等支柱产业，提高产业集约化程度，是改善环境的必然选择。积极进行能源结构调整，大力发展电力、天然气等清洁能源，减少煤炭、石油的使用量；加快新产品开发，推动重大科技成果的转化；同时，围绕产品升级换代，加大老企业技术改造力度，推进企业技术进步；积极推行清洁生产，将污染防治与调整产业结构和合理布局结合起来，这些既有助于提高城市环境承载力，又是沈阳市产业转型的具体内容。

## 第三节　沈阳市就业变化

### 一　就业结构变化

产业转型导致就业结构发生变化。1990—2010 年，沈阳市三次产业劳动力结构随产业结构调整发生重大变化（见表 7 - 13）。第一产业从业人口上升了3.44%，这主要由于第一产业在计划经济时期受到第二产业的排挤，失去了发展的产业结构资源，但在近年体制转型和经济转型过程中，第一产业又得到了一定程度的发展。第二产业从业人口下降了19.09%，第三产业从业人口增长了17.31%。这表明，沈阳市劳动力正加速从第二产业向第三产业转移。第二产业的就业总量及比重均呈现下降趋势，原因在于老工业城市传统工业衰落，由此引发的第二产业中如采掘业、制造业、建筑业等部门的下岗人员急剧增加，从业人员迅速减少。表7-13显示采掘业、制造业和建筑业从业人员分别由1997年的3.6万人、125.9万人和19.2万人降至2010年的1.76万人、29.73万人和5.48万人，三个行业累计减员111.73万人。而与第二产业相比，在老工业基地振兴过程中，第三产业则充分发挥其较高的就业弹性，从业人口增多，不断增强它对城市就业的带动效应。

**表7-13　　沈阳市部分行业从业人口数**　　单位：万人

| 年份 | 采掘业 | 制造业 | 建筑业 | 电力、煤气及水电供应业 | 交通运输、仓储及邮政业 | 批发和零售业 | 教育文化艺术及广播电影业 | 国家机关和社会团体 | 金融业 | 房地产业 | 科学研究综合技术服务业 |
|---|---|---|---|---|---|---|---|---|---|---|---|
| 1997 | 3.6 | 125.9 | 19.2 | 3.4 | 18.5 | 77.1 | 15.8 | 7.7 | 3.3 | 2.4 | 5.2 |
| 2010 | 1.76 | 29.73 | 5.48 | 3.19 | 9.51 | 5.63 | 11.13 | 7.87 | 4.09 | 3.67 | 8.9 |

资料来源：根据1998年和2011年《中国城市统计年鉴》计算整理而得。

分阶段看，1990—1999年，沈阳市从业人员一直呈上升趋势，其中第三产业从业人员的增长是促使从业人员增长的最主要因素。第三产业从业人员数量1999年比1990年增长79.10万人，而整个从业人员在这一阶段的增长只有73.02万人。2000年以后，从业人员持续下降，尤以第二产业从业人员的减少为甚。2000—2005年，第二产业从业人员减少了18.4万人，占整个从业人员减少总数的69.4%（见图7-6）。三次产业从业人员的演化特点与原因具体如下：

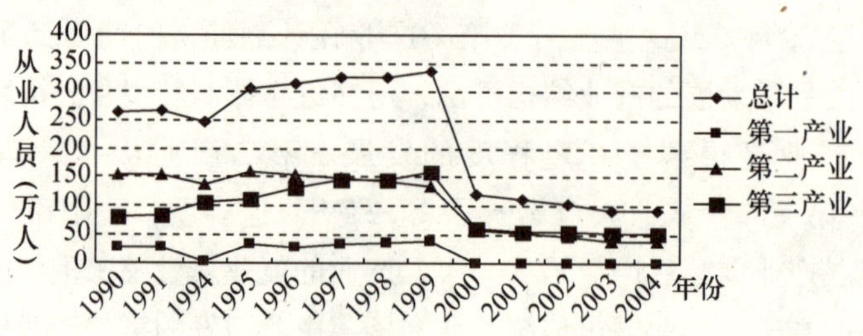


**图7-6 沈阳市区三次产业从业人员状况**

第一产业从业人员数量与比重基本保持持续下降态势，这与沈阳市城市化进程与建成区的快速发展、农业劳动力就地转移、外出务工等原因密切相关。如1990年，沈阳市市区建成区面积只有164平方千米，2005年则达到291平方千米，在这个过程中，相应的是大量农田变为城市用地，大批农民也失去土地，成为第二、第三产业从业人员。

1998年是沈阳市第二产业与第三产业就业比重发生重大转变的年份。1990年代初期，两者的比重分别为58.4%和30.7%，第二产业始终以其绝对的优势吸纳劳动力。而1998年，二者的比重则为43.7%和44.7%，第三产业开始超过第二产业成为吸纳劳动力的最重要部门。根据库兹涅茨定理，这种就业结构表明现阶段处于工业化中期，在这一阶段，虽然第二产业对国民收入增长有很大贡献，但发展到一定水平后，第二产业不可能大量吸纳劳动力，而第三产业劳动生产率的提高虽然不快，但它具备很强的吸纳劳动力的能力。沈阳市目前的情况正符合工业化中期的就业结构特点。

20世纪90年代末期是沈阳市三次产业从业人员构成变化最大的时期，也是第二产业从业人员迅速减少的阶段，这一阶段工业转向依靠技术进步、效率提高、管理革新等内延扩张为主，加之企业转制速度加快，大量国有企业转型产生较多失业人员，因此整个第二产业劳动力数量减幅明显。

就业结构发生变化的过程中，沈阳市劳动生产率呈现提高态势。表7-14是沈阳市每创造亿元国内生产总值（GDP）所需要的就业人数。从1990年以来，无论是第一产业、第二产业还是第三产业，每创造亿元的GDP所需的劳动力数量都呈现稳定的下降趋势，这说明无论哪个产业劳动生产率都大大提高了。

表7-14　　每创造亿元GDP所对应的就业数量　　单位：万人/亿元

| 年份 | 1990 | 1995 | 2000 | 2010 |
|---|---|---|---|---|
| GDP | 1.424 | 0.512 | 0.127 | 0.055 |
| 第一产业 | 2.958 | 1.947 | 0.049 | 0.010 |
| 第二产业 | 1.534 | 0.577 | 0.134 | 0.046 |
| 第三产业 | 1.077 | 0.369 | 0.125 | 0.068 |

此外，就业结构变化滞后于产业结构调整。从历年三次产业的就业结构与产业结构间的偏离度（见表7-1）看，第一产业GDP产业结构与就业结构的偏离度不断缩小，且为负值，从1990年的-9.90降至2010年的-13.91，第一产业的就业结构调整远远滞后于GDP产业结构的调整，并且调整方向相反，表明农业对劳动力的吸纳已呈饱和状态，存在劳动力转移出去的压力；第二产业偏离度由1990年的-3.28转为正值并有所放大，到2010年增至22.23，表明第二产业内部就业结构与产业结构的调整方向逐渐趋同，工业产值比重下降的越快，工业从业人口的转移和流失就越多；第三产业偏离度从13.18降至-8.32，明显缩小，表明其趋于向均衡方向发展，今后第三产业仍有吸纳劳动力的空间。

（一）工业内部就业结构变化

从沈阳市工业内部各部门就业人员绝对数量看，沈阳市工业中传统产业的就业比重大，高新技术产业就业比重小。传统产业结构中的制造业的从业人员81.0万人，占从业人员总数的22.9%。根据沈阳市第五次人口普查数据，在制造业中，就业人员排在前五位的分别是交通运输设备制造业、普通机械制造业、电气机械及器材制造业、专用设备制造业及医药制药业。显然，沈阳市工业还主要靠资源加工业、重型制造业等传统工业来吸纳就业人员。反映社会经济发展趋势的新兴工业如电子及通信设备制造业、仪表仪器及文化、办公用机械制造业等的在业人员还不多。

从就业比重的变化情况看，就业比重随部门产值的增加而下降，这说明了工业内部的劳动生产率大大提高了。同时，从工业内部看，工业结构的升级表现在其就业方面。这里引进“比较劳动生产率”的指标来做分析，随着工业加工程度不断深化，加工组装工业的产值比重与劳动力构成的比重都会上升，且产值比重上升的幅度超过劳动力比重上升的幅度，比较劳动生产率呈上升趋势。而原材料工业及初级加工的产值比例及就业比例会随着整个工业部门劳动生产率的提高会显著下降（见表7－15）。

表7－15　　1995—2005年沈阳主要工业部门比较劳动生产率

| 劳动生产率 | 1995年 | 1997年 | 2000年 | 2005年 |
|---|---|---|---|---|
| A组 | | | | |
| 化学工业 | 1.2 | 1.2 | 1.1 | 1.1 |
| 机械工业 | 0.9 | 0.9 | 1.0 | 1.3 |
| 纺织工业 | 0.7 | 0.5 | 0.4 | 0.3 |
| 食品工业 | 2.4 | 2.1 | 1.6 | 1.0 |
| B组 | | | | |
| 交通运输 | 0.9 | 0.9 | 1.2 | 1.5 |
| 电气机械及器材 | 1.1 | 0.9 | 1.1 | 1.5 |
| 电子及通信设备制造业 | 1.8 | 4.0 | 4.2 | 4.1 |
| 医药化学 | 1.4 | 1.2 | 1.7 | 1.6 |

资料来源：根据《1995—2000工业交通邮电统计资料》和《沈阳统计年鉴》（2005）计算。

A组是沈阳市传统工业部门，由表7－15可以看出，原材料工业比较劳动生产率呈下降趋势，而重化工业部门保持较高的劳动生产率。尽管机械工业属于传统制造业，但是近年来与电子工业的结合再次增强了产业竞争力，已成为高增长的技术产业之一。

B组是沈阳市高增长的技术产业部门，比较劳动生产率呈上升趋势，相对于传统工业部门优势明显。可以看出，相对于纺织、食品等原材料工业，具有产值和技术优势的电子及通信设备制造业、交通运输、医药化学、电气机械及器材等工业发展迅速并吸纳了较多的劳动力。工业内部结构升级过程中，劳动力出现了由原材料工业向深加工工业流动的趋势。

（二）服务业内部就业结构调整

20世纪90年代以来，伴随经济发展战略的转变和国民经济的高速增长，沈阳市产业结构调整明显加快，服务业内部结构转换进入一个新的发展时期。按照表7－16的服务业分类标准进行归并，形成生产性服务业、分配性服务业、社会性服务业和其他服务业四大类别。根据沈阳市“四普”和“五普”统计数据，计算整理得到沈阳市服务业内部就业人员变化情况。从表7－17可以看出，在沈阳市服务业中，分配性服务业的就业人员比重居主导地位，1990 年为 12.4%，2000 年为 18.6%；社会性服务业居其次，1990 年和 2000 年分别为 9.7% 和 14.8%；而生产性服务业居第三，2000 年比 1990 年减少了 1.3%，在城市全部从业人员中占 3.2%。从服务业内部各行业就业人员的变化情况看，生产性服务业呈现减少趋势。其内部构成中，房地产业的降幅最为显著，其次是科学研究与综合技术服务业，而金融保险业作为一种新兴服务业，其就业人员呈增长态势。分配性服务业内部构成中，以批发零售贸易餐饮业对服务业就业人员增加贡献最大，交通运输、仓储及邮电通信业低于前者。社会性服务业中，卫生、体育和社会福利事业对服务业就业人员的增加贡献最大，作为一般性服务行业的教育文化艺术及广播电影业和国家机关、政党机关和社会团体的就业人员变化并不显著。

**表 7－16　服务业分类及其内部构成**

| 服务业分类 | 服务业内部构成 |
|---|---|
| 生产性服务业 | 金融保险业、房地产业、科学研究与综合技术服务业 |
| 分配性服务业 | 交通运输、仓储及邮电通信业、批发和零售贸易、餐饮业 |
| 社会性 | 社会服务业、卫生体育社会福利事业、教育文化及广播电影电视事业、国家机关、党政机关和社会团体 |
| 其他服务业 | 其他 |

资料来源：阎小培：《信息产业与城市发展》，科学出版社 1999 年版，有所调整。

**表 7－17　沈阳市"四普"和"五普"服务业各行业就业人员变化情况**

| 行业名称 | "四普"人数（人） | 在总就业人员中的比重（%） | "五普"人数（人） | 在总就业人员中的比重（%） |
|---|---|---|---|---|
| 交通运输、仓储及邮电通信业 | 118406 | 3.5 | 17259 | 4.9 |
| 批发和零售贸易、餐饮业 | 296075 | 8.8 | 48136 | 13.7 |
| 金融保险业 | 19617 | 0.6 | 4814 | 1.4 |
| 房地产业 | 91616 | 2.7 | 2684 | 0.8 |
| 社会服务业 | — | — | 15774 | 4.5 |
| 卫生、体育和社会福利事业 | 56180 | 1.7 | 7511 | 2.1 |

续表

| 行业名称 | "四普"人数（人） | 在总就业人员中的比重（%） | "五普"人数（人） | 在总就业人员中的比重（%） |
|---|---|---|---|---|
| 教育、文化艺术及广播电影电视业 | 142977 | 4.3 | 15000 | 4.3 |
| 科学研究与综合技术服务业 | 38805 | 1.2 | 3614 | 1.0 |
| 国家机关、政党机关和社会团体 | 125132 | 3.7 | 13922 | 4.0 |
| 其他行业 | 5992 | 0.2 | 1085 | 0.3 |

不同服务业部门就业结构地位的变化反映了沈阳市各部门的发展情况和劳动力转移的趋势，原来传统服务业中的批发和零售贸易、餐饮业及交通运输业、仓储及邮电通信业的就业人口多，且发展势头良好，对劳动力有较大吸引力，由此可以推断出目前沈阳市服务业吸纳就业人员的途径还是比较传统、单一的。同时，服务业内部行业发展也不平衡。2005 年，批发和零售贸易、餐饮业就业的人员为 76.2 万人，占服务业就业人员的 45.2%，而在社会服务业就业的人员只有 26.5 万人，占 15.7%。服务业中具有资本和技术密集型特点的现代服务业，如金融保险业、房地产业和科学研究、综合技术服务业，吸纳的就业人口数则排在最后。在高新技术产业，如信息传输、计算机服务和软件业领域中就业的人更少，全市只有 3.2 万人。因此，近年来沈阳市服务业虽然以较快的速度增长，服务业内部结构也在调整，但第一、第二产业就业人口在城市中仍占有相当大比例，说明沈阳市劳动力向服务业转移仍存在较大空间，尤其向现代服务业和新兴服务业转移发展的空间更为巨大。

## 二　就业空间分异

### （一）劳动力就业结构的地区差异与变动

#### 1. 就业区位商的地区差异与变动

这里引入就业区位商，用来考察各地区三次产业劳动力人口分布的不均匀性。其数学表达式为：

$$LQ_{ij}=\frac{L_{ij}/L_i}{L_j/L_t}$$

式中，$LQ_{ij}$表示第 $i$ 区 $j$ 产业的就业区位商，$L_{ij}$为第 $i$ 区 $j$ 产业部门的劳动力人数，$L_i$ 表示 $i$ 区所有产业部门劳动力人数，$L_j$ 则为考察对象所有地区（本书为全沈阳市）第 $j$ 产业部门劳动力人数，$L_t$ 为所有区所有产业部门的劳动力总数（本书为全市劳动力人数）。

就业区位商是一个相对比例，用于考察某一时间不同地区、不同产业部门的劳动力人口相对于整个地区平均分布的指标。如果一地区某一产业部门就业区位商 $LQ=1$，说明其劳动力分布处于整个地区的平均状态；如果 $LQ>1$，说明其劳动力分布与整个地区平均状态比较相对集中，$LQ$ 越大意味着集中程度越高；如果 $LQ<1$，则说明劳动力的分布相对分散。

图 7－7 表示 1990 年和 2000 年沈阳市三次产业的就业区位商在各区（县）之间的差异特征。三次产业劳动力地区之间分布不均匀。按照中心城区、近郊区、远郊区和辖县（市）的地域层次比较，劳动力就业区位商分布差异大，中心城区第二、第三产业劳动力分布密集；郊区和各辖县（市）第一产业劳动力分布相对集中，而且距离城市中心越远，集中程度越明显，而第二、第三产业劳动分散现象显著。2000 年与 1990 年相比，各地区内部三次产业劳动力集中程度差异在缩小，郊区尤为明显。

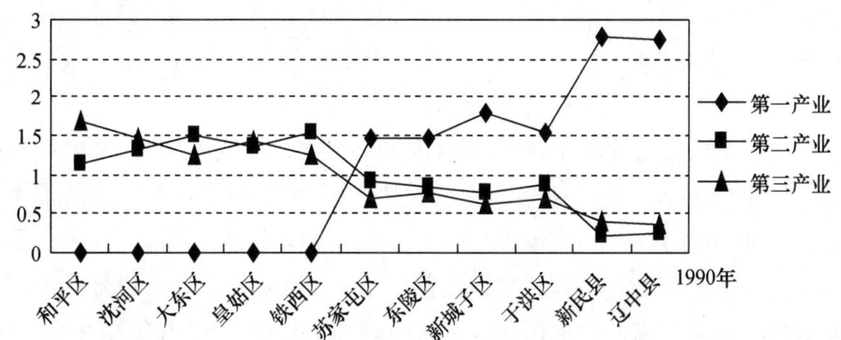


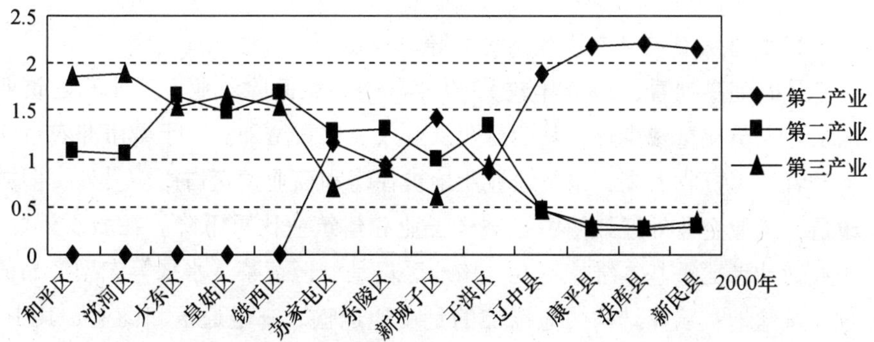


**图 7－7　沈阳市劳动力就业结构区位商（1990 年、2000 年）**

沈阳市中心城区经济发展水平较高，第二、第三产业劳动力聚集，2000 年与 1990 年相比，第二、第三产业劳动力的集中程度相差小，而和平区和沈河区的差异较大。主要因为城市中心进行产业升级改造，引起劳动力的失业和转移。一部分劳动力在各产业（行业）、职业、地区之间流动；另一部分劳动力则下岗、失业、分流。第二产业的就业总量及比重均呈现相同下降趋势，这和在此期间产业结构调整政策导致的第二产业中如采掘业、制造业等传统工业部门下岗人员急剧增加，从业人员迅速减少是相联系的。而与工业相比，服务业具有明显较高的就业弹性，随着经济发展水平的提高而不断增强对整个就业的带动效应，因此第三产业的劳动力就业增多。

市辖县（市）经济发展水平相对较低，第一产业劳动力相对集中，第二、第三产业特别是第二产业劳动力大多处于分散状态。2000 年较 1990 年，第一产业劳动力集中程度减弱，尤以辽中县为最，就业区位商降至 2 以下。说明沈阳市各辖县（市）从事第一产业的劳动力有缩小的趋势，但仍以第一产业为主，非农化程度较低。第二、第三产业的就业区位商仍较低，从业人员少，相对分散，第二、第三产业在该地区发展还很薄弱。

郊区经济发展水平介于中心城区和各辖县（市）之间，这也反映在就业区位商上。三次产业劳动力的集中、分散程度差异在该地区都不明显。2000 年较 1990 年，第二产业劳动力聚集程度加剧，这一现象主要因为工业和人口的郊迁，但区位商不高于 1.5，说明工业和人口郊迁的程度仍有限。另外，较之 1990 年，2000 年三次产业劳动力集中差异趋于收敛。

2. 就业人员行业结构的地区差异与变动

从时间序列看，2000 年较 1990 年，中心城区除农业、工业和建筑业的从业人员比重减少外，其他行业从业人员比重增加。由于城市非农行业劳动者的工资收入高，以及农业用地被住房和商业建筑占用；另外，旧城改造、工业企业外迁致使中心城区工业和建筑业比重下降。在城市郊区，农业劳动者比重基本维持不变，该地区仍是城区蔬菜、水果等农副产品的主要供给地；从业结构明显增加的是交通运输、邮电通信和商业，其中，2000 年比 1990 年商业从业人员构成增加了约 5 个百分点。沈阳市的各辖县（市）十年来农业比重依然很大，除房地产业和教育、文化艺术及广沈阳市中心城区经济发展水平较高，第二、第三产业劳动力聚集，2000 年与 1990 年相比，第二、第三产业劳动力的集中程度相差小，而和平区和沈河区的差异较大。主要因为城市中心进行产业升级改造，引起劳动力的失业和转移。一部分劳动力在各产业（行业）、职业、地区之间流动；另一部分劳动力则下岗、失业、分流。第二产业的就业总量及比重均呈现相同下降趋势，这和在此期间产业结构调整政策导致的第二产业中如采掘业、制造业等传统工业部门下岗人员急剧增加，从业人员迅速减少是相联系的。而与工业相比，服务业具有明显较高的就业弹性，随着经济发展水平的提高而不断增强对整个就业的带动效应，因此第三产业的劳动力就业增多。

市辖县（市）经济发展水平相对较低，第一产业劳动力相对集中，第二、第三产业特别是第二产业劳动力大多处于分散状态。2000 年较 1990 年，第一产业劳动力集中程度减弱，尤以辽中县为最，就业区位商降至 2 以下。说明沈阳市各辖县（市）从事第一产业的劳动力有缩小的趋势，但仍以第一产业为主，非农化程度较低。第二、第三产业的就业区位商仍较低，从业人员少，相对分散，第二、第三产业在该地区发展还很薄弱。

郊区经济发展水平介于中心城区和各辖县（市）之间，这也反映在就业区位商上。三次产业劳动力的集中、分散程度差异在该地区都不明显。2000 年较 1990 年，第二产业劳动力聚集程度加剧，这一现象主要因为工业和人口的郊迁，但区位商不高于 1.5，说明工业和人口郊迁的程度仍有限。另外，较之 1990 年，2000 年三次产业劳动力集中差异趋于收敛。

2. 就业人员行业结构的地区差异与变动

从时间序列看，2000 年较 1990 年，中心城区除农业、工业和建筑业的从业人员比重减少外，其他行业从业人员比重增加。由于城市非农行业劳动者的工资收入高，以及农业用地被住房和商业建筑占用；另外，旧城改造、工业企业外迁致使中心城区工业和建筑业比重下降。在城市郊区，农业劳动者比重基本维持不变，该地区仍是城区蔬菜、水果等农副产品的主要供给地；从业结构明显增加的是交通运输、邮电通信和商业，其中，2000 年比 1990 年商业从业人员构成增加了约 5 个百分点。沈阳市的各辖县（市）十年来农业比重依然很大，除房地产业和教育、文化艺术及广地区（本书为全沈阳市）第 $j$ 产业部门劳动力人数，$L_t$ 为所有区所有产业部门的劳动力总数（本书为全市劳动力人数）。

就业区位商是一个相对比例，用于考察某一时间不同地区、不同产业部门的劳动力人口相对于整个地区平均分布的指标。如果一地区某一产业部门就业区位商 $LQ=1$，说明其劳动力分布处于整个地区的平均状态；如果 $LQ>1$，说明其劳动力分布与整个地区平均状态比较相对集中，$LQ$ 越大意味着集中程度越高；如果 $LQ<1$，则说明劳动力的分布相对分散。

图7-7表示1990年和2000年沈阳市三次产业的就业区位商在各区（县）之间的差异特征。三次产业劳动力地区之间分布不均匀。按照中心城区、近郊区、远郊区和辖县（市）的地域层次比较，劳动力就业区位商分布差异大，中心城区第二、第三产业劳动力分布密集；郊区和各辖县（市）第一产业劳动力分布相对集中，而且距离城市中心越远，集中程度越明显，而第二、第三产业劳动分散现象显著。2000年与1990年相比，各地区内部三次产业劳动力集中程度差异在缩小，郊区尤为明显。

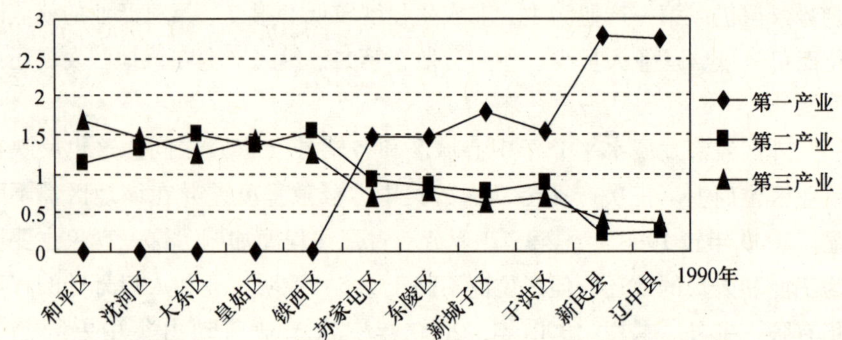


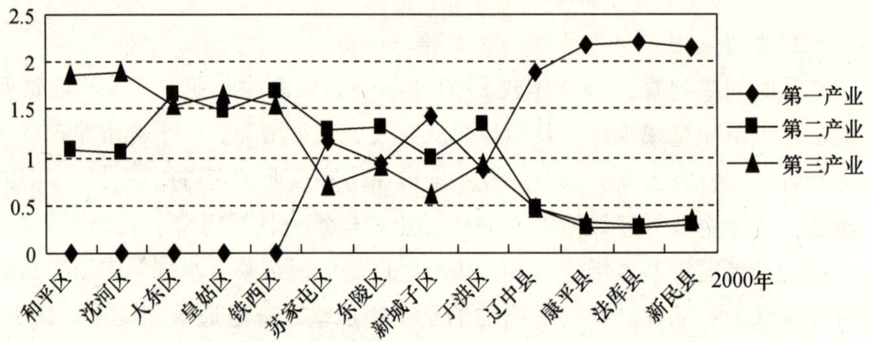


**图7-7 沈阳市劳动力就业结构区位商（1990年、2000年）**

续表

| 行业名称 | "四普"人数（人） | 在总就业人员中的比重（%） | "五普"人数（人） | 在总就业人员中的比重（%） |
|---|---|---|---|---|
| 教育、文化艺术及广播电影电视业 | 142977 | 4.3 | 15000 | 4.3 |
| 科学研究与综合技术服务业 | 38805 | 1.2 | 3614 | 1.0 |
| 国家机关、政党机关和社会团体 | 125132 | 3.7 | 13922 | 4.0 |
| 其他行业 | 5992 | 0.2 | 1085 | 0.3 |

不同服务业部门就业结构地位的变化反映了沈阳市各部门的发展情况和劳动力转移的趋势，原来传统服务业中的批发和零售贸易、餐饮业及交通运输业、仓储及邮电通信业的就业人口多，且发展势头良好，对劳动力有较大吸引力，由此可以推断出目前沈阳市服务业吸纳就业人员的途径还是比较传统、单一的。同时，服务业内部行业发展也不平衡。2005 年，批发和零售贸易、餐饮业就业的人员为 76.2 万人，占服务业就业人员的 45.2%，而在社会服务业就业的人员只有 26.5 万人，占 15.7%。服务业中具有资本和技术密集型特点的现代服务业，如金融保险业、房地产业和科学研究、综合技术服务业，吸纳的就业人口数则排在最后。在高新技术产业，如信息传输、计算机服务和软件业领域中就业的人更少，全市只有 3.2 万人。因此，近年来沈阳市服务业虽然以较快的速度增长，服务业内部结构也在调整，但第一、第二产业就业人口在城市中仍占有相当大比例，说明沈阳市劳动力向服务业转移仍存在较大空间，尤其向现代服务业和新兴服务业转移发展的空间更为巨大。

## 二　就业空间分异

### （一）劳动力就业结构的地区差异与变动

#### 1. 就业区位商的地区差异与变动

这里引入就业区位商，用来考察各地区三次产业劳动力人口分布的不均匀性。其数学表达式为：

$$LQ_{ij}=\frac{L_{ij}/L_i}{L_j/L_t}$$

式中，$LQ_{ij}$表示第 $i$ 区 $j$ 产业的就业区位商，$L_{ij}$为第 $i$ 区 $j$ 产业部门的劳动力人数，$L_i$ 表示 $i$ 区所有产业部门劳动力人数，$L_j$ 则为考察对象所有人员比重居主导地位，1990 年为 12.4%，2000 年为 18.6%；社会性服务业居其次，1990 年和 2000 年分别为 9.7% 和 14.8%；而生产性服务业居第三，2000 年比 1990 年减少了 1.3%，在城市全部从业人员中占 3.2%。从服务业内部各行业就业人员的变化情况看，生产性服务业呈现减少趋势。其内部构成中，房地产业的降幅最为显著，其次是科学研究与综合技术服务业，而金融保险业作为一种新兴服务业，其就业人员呈增长态势。分配性服务业内部构成中，以批发零售贸易餐饮业对服务业就业人员增加贡献最大，交通运输、仓储及邮电通信业低于前者。社会性服务业中，卫生、体育和社会福利事业对服务业就业人员的增加贡献最大，作为一般性服务行业的教育文化艺术及广播电影业和国家机关、政党机关和社会团体的就业人员变化并不显著。

**表 7-16　　服务业分类及其内部构成**

| 服务业分类 | 服务业内部构成 |
| --- | --- |
| 生产性服务业 | 金融保险业、房地产业、科学研究与综合技术服务业 |
| 分配性服务业 | 交通运输、仓储及邮电通信业、批发和零售贸易、餐饮业 |
| 社会性 | 社会服务业、卫生体育社会福利事业、教育文化及广播电影电视事业、国家机关、党政机关和社会团体 |
| 其他服务业 | 其他 |

资料来源：阎小培：《信息产业与城市发展》，科学出版社 1999 年版，有所调整。

**表 7-17　　沈阳市“四普”和“五普”服务业各行业就业人员变化情况**

| 行业名称 | “四普”人数（人） | 在总就业人员中的比重（%） | “五普”人数（人） | 在总就业人员中的比重（%） |
| --- | --- | --- | --- | --- |
| 交通运输、仓储及邮电通信业 | 118406 | 3.5 | 17259 | 4.9 |
| 批发和零售贸易、餐饮业 | 296075 | 8.8 | 48136 | 13.7 |
| 金融保险业 | 19617 | 0.6 | 4814 | 1.4 |
| 房地产业 | 91616 | 2.7 | 2684 | 0.8 |
| 社会服务业 | — | — | 15774 | 4.5 |
| 卫生、体育和社会福利事业 | 56180 | 1.7 | 7511 | 2.1 |

播电影电视业就业人员比重减少外，其他行业均有所增加。

沈阳市是一个中心区和外围地区就业差异比较典型的城市。从就业人员行业结构的地区分布来看，1990 年，中心城区的工业劳动者占 57.43%，郊区为 30.83%，而各市辖县（市）仅为 7.00%。2000 年中心城区的制造业劳动者占 34.21%，郊区为 21.47%，而各市辖县（市）占 3.87%。两次人口普查数据反映，经济最发达的中心城区，行业门类人口的空间分布密度最大，第三产业中生产性服务行业就业比重高；经济次发达的郊区，就业人口空间密度较大，制造业、建筑业等第二产业以及一般性的服务行业所占比重高；而经济不发达的市辖县（市），农林牧渔业以及采掘业的就业比重较大，就业人口的空间密度最低（见表 7－18）。

**表 7－18　　沈阳市就业人员行业结构的地区差异　　单位：人、%**

| 项目 | 全市 | 城区 | 郊区 | 各市辖县（市） |
|---|---|---|---|---|
| 各种行业人口总计 | 3350170（351835） | 1735082（134658） | 929099（99056） | 685989（118121） |
| 农林牧渔、水利业 | 28.85（37.21） | 0.23（0.18） | 45.06（40.62） | 79.52（78.19） |
| 工业 | 39.7（22.79） | 57.43（36.77） | 30.83（24.26） | 7（4.71） |
| 地质普查和勘探业 | 0.1（0.15） | 0.1（0.17） | 0.2（0.23） | 0.004（0.1） |
| 建筑业 | 4.64（2.96） | 6.51（4.01） | 3.83（3.57） | 0.94（1.2） |
| 交通运输、邮电通信业 | 3.53（4.91） | 4.11（5.99） | 3.9（5.81） | 1.63（2.84） |
| 商业、公共饮食业、物资供销和仓储业 | 8.84（13.68） | 11.49（21.44） | 6.58（11.85） | 5.07（5.89） |
| 房地产管理、公共事业、居民服务和咨询服务业 | 2.73（5.24） | 4.18（9.15） | 1.51（4.5） | 0.67（1.22） |
| 卫生、体育和社会福利事业 | 1.68（2.13） | 2.36（3.76） | 1.12（1.45） | 0.69（0.86） |
| 教育、文化艺术和广播电视事业 | 4.27（4.26） | 5.46（6.69） | 3.26（3.36） | 2.58（2.20） |
| 科学研究和综合技术服务事业 | 1.16（1.03） | 1.94（2.29） | 0.5（0.45） | 0.03（0.03） |
| 金融、保险业 | 0.59（1.37） | 0.79（2.73） | 0.41（0.65） | 0.32（0.46） |
| 国家机关、政党机关和社会团体 | 3.74（3.98） | 5.17（6.25） | 2.65（2.98） | 1.49（2.24） |
| 其他行业 | 0.18（0.31） | 0.22（0.56） | 0.18（0.28） | 0.05（0.06） |

说明：表格中括号内、外分别为“五普”、“四普”数据。

资料来源：根据《辽宁省 1990 年第四次人口普查资料》和《辽宁省 2000 年第五次人口普查资料》整理计算而得。其中第四次人口普查中，沈阳市各辖县只有辽中县和新民县。

3. 各街道从业人员空间分异

利用2008年沈阳市经济普查数据，绘制沈阳市从业人员分布图可以发现，沈阳市从业人员经济活动仍主要集中在中心城区。在郊区，从业人员主要集中在郊区新城，尤其在沈北新区和西三环外铁西新区均形成了局部高密度聚集性区域。（1）就业在岗人数超过4万人的街道主要分布在北四环与北三环之间的虎石台街道、北三环皇姑区的三台子街道以及位于市中心和平区的太原街道和沈河区的新北站街道；（2）就业在岗人数在2万—4万人的街道主要分布在市中心的和平区和沈河区，而于洪区的南阳湖街道、于洪街道以及沈北新区的辉山街道也在此范围之内；（3）就业在岗人数在以下三个地区分布较为集中，分别为近些年发展迅猛的沈北新区蒲河新城，中心城区的金廊地带以及于洪区与铁西区交错的西三环与西四环之间；（4）老铁西区与东陵区的浑南新城就业在岗人数分布较少；（5）其余街道就业在岗人数基本遵循由市中心向外围圈层递减模式；（6）整体而言，沈阳市就业在岗人数呈现向东北和向西方向扩展趋势。

（二）就业郊区化

由于产业结构调整，沈阳市各地区就业结构的转变，劳动力在空间的重新配置导致就业郊区化；加之工业外迁推动了部分人口（职工）的外迁，增加了郊区的就业机会，一部分职工由于企业变动致使就业郊迁；另外，住房制度改革、大规模市政建设、棚户区改造和日益增长的城市人口所需的居住区在郊区大规模开发，这些都带来了居住区的外移，一部分人口在空间形成迁移，由此导致沈阳市就业郊区化。

周一星曾利用“三普”、“四普”的数据分析了20世纪90年代初沈阳市郊区化现象①，此后十多年时间，郊区化持续增强。20世纪90年代以来中心城区人口继续聚集，增长率为10.20%；近郊区在此期间增长了317767人，增长率高达35.81%，年均增长率为3.11%，是人口增长幅度和速度最高的地区，十年来人口密度明显增加；远郊区人口增长相对缓慢，增幅小，年均增长率仅为0.17%（见表7－19）。

① 周一星、孟延春：《沈阳的郊区化——兼论中西方郊区化的比较》，《地理学报》1997年第4期。

**表 7－19　　　　　　　沈阳市不同地域圈层居住人口的变化**

|  | 项目 | 城区 | 近郊区 | 远郊区 |
|---|---|---|---|---|
| 1990—2000 年的人口变化 | 增长量（人） | 301116 | 317767 | 14433 |
|  | 增长率（%） | 10.20 | 35.81 | 1.72 |
|  | 年均增长率（%） | 0.97 | 3.11 | 0.17 |

人口郊区化带来就业空间的变化。上述对沈阳市近郊区和远郊区劳动力结构和行业结构的分析表明，近年来，第二、第三产业就业人员的增长，近郊区明显高于中心城区和远郊区。主要缘于近郊区地价低于中心区，区位又接近中心区，便于从中心区获得资金、技术、信息和利用基础设施，又方便与外部经济取得联系，是工业、仓储、居住用地的理想区位。[①] 由此而引发的产业结构空间调整和人口外迁主要方向是近郊区而不是远郊区。此外，沈阳市的主要交通工具为自行车和公共汽车，在日均出行超千万人次中，公交比例约 14%，自行车则高达 62%，其余 24% 基本为轿车和步行。[②] 一般认为，自行车和公共汽车的平均出行时间分别是 20 分钟和 40 分钟，平均出行距离分别为 3 千米和 6 千米，因此以自行车和公共汽车为主要通勤手段的迁移人口增长的重点也必定在近郊区，而不在远郊区。[③] 图 7－8 为第五次人口普查沈阳市迁入人口各区分布状况，近郊区人口的流入，其主体部分是由本市其他区迁入的，占所有迁入人口的 58.53%，而本省其他县、市的迁入人口占 21.28%，外省的迁入人口占 20.18%。

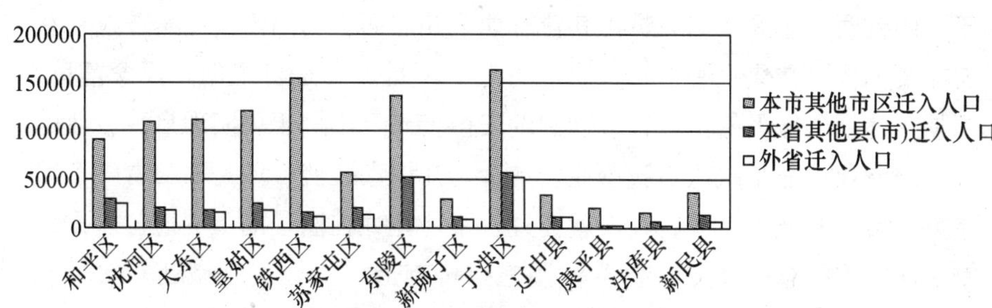


**图 7－8　2000 年沈阳市迁入人口各区分布情况**

① 沈阳市人民政府：《沈阳市”十一五”规划纲要》，2005 年 12 月 30 日。

② 武云甫、苗栓明、景洪兰：《发展城市自行车专用道路》，《城市公用事业》2003 年第 2 期。

③ 周一星：《北京的郊区化及引发的思考》，《地理科学》1996 年第 3 期。

（三）制造业从业人员空间布局特征

1. 制造业就业空间转移

沈阳市是我国重要的装备制造业基地，制造业在全国占有重要地位。在就业人员发生空间变化过程中，沈阳市制造业就业空间也发生了转移。以全市重要的制造业基地——铁西工业区为例，20 世纪 90 年代中期开始，沈阳市铁西工业区的就业形势开始变得异常严峻，下岗职工人数不断攀升，1996—2000 年下岗人数剧增，由 6355 人增加到 15459 人。1998 年制造业各部门下岗人数达到了历史高峰[①]（见表 7 – 20）。

表 7 – 20　　1998 年沈阳市 5 个工业部门下岗人数

| 工业部门 | 机械 | 轻工业 | 纺织 | 石化 | 农机 |
|---|---|---|---|---|---|
| 下岗人数（人） | 52000 | 35000 | 19000 | 18000 | 13000 |
| 占行业比重（%） | 45.6 | 58.5 | 55.6 | 56.9 | 65.9 |

2002 年以来，铁西工业区开始大规模更新改造和企业郊迁，污染重、耗能大、破坏生态的行业，如冶金、造纸、皮革、建材、部分基本化工和原料药制造等行业，从铁西工业区退出；产品附加值低、市场竞争中完全处于劣势、无法发展优势的行业，如纺织、普通金属制品等，通过各种有效措施，被转移出去。2002—2005 年共并轨职工 13 万人，释放隐性失业人员，制造业从业人员迅速减少，工业企业冗员问题基本得到解决。但由于沈阳铁西工业区下岗人员再就业有如下几方面不利因素：一是普遍存在着年龄偏大、文化水平低、技术能力差等不足。二是自主创业观念落后，习惯于计划条件下的生产方式和制度安排，甚至不屑于可实现自我就业的社区服务业。三是缺乏自我创业资本金、知识和技能。四是面临着整个城市就业市场的强大竞争，在再就业过程中往往处在竞争的不利地位。据调查，沈阳农机总公司（前身为沈阳拖拉机制造厂）在实现搬迁并轨后现有职工 3200 人，约有 6000—7000 人在转制过程中被并轨出去。

2001—2004 年，开发区通过引进新项目、承接城区产业转移，制造业发展迅速，工业总产值从 2001 年的 248.3 亿元，增长到 2004 年的 408

① 张平宇：《东北地区城市老工业区改造》，载金凤君主编《东北地区振兴与可持续发展战略研究》，商务印书馆 2006 年版，第 235 页。

亿元，搬迁至开发区的工业企业也在同年完成工业总产值46亿元。开发区制造业的迅速发展，不仅创造经济总量的经济效益，同时也创造了就业岗位。6万多的下岗工人在开发区重新就业，部分失地农民通过职业培训成为开发区产业工人，缓解了城区下岗工人和郊区失地农民充分就业的需求和劳动力总量过大、就业岗位不足的矛盾。随着开发区十大产业集群的形成，开发区作为世界产业转移和南资北上产业转移承接地，创造了大量就业机会，制造业就业总量增长趋势仍将继续。

针对铁西工业区熟练技工资源优势未能充分发挥的现状，以及由于铁西区城区的扩大，亟待安置大量从农民转型过来的新工人的情况，铁西工业区应充分利用制造业优势，基于产业集群扩大就业。铁西工业区要利用产业集群这种市场组织形式，拓展制造业的产业链，扩大就业容量。一方面纵向延伸产业链，使产业纵向分工细化、深化和专业化；另一方面积极发展与产业链相关的支援产业、关联产业及服务产业。具体包括：加深专业化分工衍生大量新企业，增加就业。如一些大型装备制造企业，尽可能地将核心技术之外的技术分离出来，在其周围形成一批“专、精、特、新”的中小企业。通过关联产业发展，将资本密集型产业与劳动密集型产业相结合，增加就业。如铁西的汽车工业可围绕整车厂，辅以劳动密集型的汽车装饰等纺织企业，提供更多的就业岗位。重视产业链末端建设，发展生产性服务业，增加就业。

2. 制造业从业人员空间结构特征

制造业是沈阳市工业的重点所在，制造业从业人员比重也占工业从业人员比重的76%。总体上看，沈阳市制造业从业人员较为密集的地区主要集中在郊区，呈现出明显的制造业向郊区转移的分散化特征，尤其是在于洪区、东陵区以及沈北新区。此外，从区域来看，制造业从业人员在传统的老工业区也依然占有很大比重，包括铁西区以西的沈阳经济技术开发区以及大东区。

沈阳市制造业空间布局的结构具有明显的分散组团布局特征依托主要的开发区、科技园区、工业园区和大型企业所在地，形成多个产业集群。沈阳市制造业从业人口数超过1万的街道主要分布在以下地区：（1）大东区二台子街道、东站街道和东塔街道，其中东站街道从业人数超过4万，是依托华晨金杯、华晨宝马、上通北盛发展以整车为龙头，特种车、改装车、零部件为支撑的汽车产业。（2）皇姑区三台子街道，是大型企业——沈飞集团所在地。(3)铁西区启工街道，尽管老工业区的几乎所有企业都已完成郊迁，区内的机床、功能部件产业和汽车、零部件产业均已全部迁出，但启工街道仍保留部分通用设备制造业和电气机械及器材制造业等。(4)东陵区东陵（浑南）软件及电子信息产业集群，是以东陵街道、前进街道、五三街道和浑河站西街道为代表，其中以五三街道最为集聚。(5)沈北新区蒲河新城重点发展手机（光电）产业集群，包括手机通信产业、光显产业、光能产业、激光产业、家电产业和数字装备产业。(6)于洪区于洪街道、北陵街道、陵东街道和南阳湖街道，是于洪装备制造配套产业集群的所在地，立足产品上游配套、产业链条补缺、完善壮大沈阳装备制造业，重点发展以装备制造配套产业为核心的特种机床、工业基础件、五金制造、电气等产业。

### （四）服务业从业人员空间布局特征

#### 1. 服务业就业空间重构

多样化指数可用于研究地区服务业内部行业从业人员的情况，其计算公式为：

$$GM = 1 - \sum X_i^2 / (\sum X_i)^2$$

其中，$X_i$ 指第 $i$ 种行业的从业人员数。对沈阳市内各区（县）的多样化指数进行对比可发现，位于中心城区的市内五区，多样化指数呈下降态势，说明这五区的服务业从业人员的多样性有所降低，服务业从业人员更加趋向集中分布于某些行业。而位于城市周边的各区（县）多样化指数均有上升，表明城市近郊和远郊服务业发展迅速，从业人员开始向各个行业渗透。沈阳市内各个区（县）中服务业从业人员变化最为明显的是铁西区，它的多样性指数由1990年在各区排名第4位下降到2000年的第11位，而和平区、皇姑区、沈河区等，多样化指数一直保持在全市前列（见表7－21）。

**表7－21　沈阳市各区（县）服务业内部就业人员多样化指数及排序**

| 地区 | GM（1990） | 排序 | 地区 | GM（2000） | 排序 |
|---|---|---|---|---|---|
| 和平区 | 0.834627 | 1 | 和平区 | 0.831964 | 1 |
| 沈河区 | 0.801510 | 6 | 沈河区 | 0.788636 | 4 |
| 大东区 | 0.792438 | 7 | 大东区 | 0.778502 | 7 |

续表

| 地区 | GM（1990） | 排序 | 地区 | GM（2000） | 排序 |
|---|---|---|---|---|---|
| 皇姑区 | 0.825396 | 2 | 皇姑区 | 0.813745 | 3 |
| 铁西区 | 0.804246 | 4 | 铁西区 | 0.763075 | 11 |
| 苏家屯区 | 0.783617 | 10 | 苏家屯区 | 0.778493 | 8 |
| 东陵区 | 0.803521 | 5 | 东陵区 | 0.762264 | 12 |
| 新城子区 | 0.784526 | 8 | 新城子区 | 0.785946 | 5 |
| 于洪区 | 0.806323 | 3 | 于洪区 | 0.779115 | 6 |
| 辽中县 | 0.755143 | 11 | 辽中县 | 0.73694 | 13 |
| 新民县 | 0.756934 | 9 | 新民市 | 0.778485 | 9 |
| | | | 康平县 | 0.820855 | 2 |
| | | | 法库县 | 0.771224 | 10 |

从沈阳市服务业/工业相对集中度来看，服务业与工业的空间集中度并不一致，且差异较大；但与工业相比，市区往往是服务业更为集中的地方，而且服务业向市区集中趋势日益明显。为了进一步考察服务业与工业在空间分布上的差异，引入了两者的相对集中度这一指标，某地区服务业/工业相对集中度 = 某地区服务业占全省（或本市）的比重/该地区工业占全省（或本市）的比重。通过这一指标可以来比较服务业与工业在空间分布上的差异程度。

从表 7－22 可以发现，就业的相对集中度差异较大，表明沈阳市各区（县）的服务业与工业就业的地区分布存在着较大的差异。位于中心城区的五区，除铁西区和大东区外，集中度都大于 1，说明这三个区服务业就业的相对集中度高，这说明与工业相比，服务业就业更倾向于往市区集中。但铁西区、大东区和位于城市郊区的四个区就业的相对集中度却较低，均低于 1 或接近 1，说明这些区内服务业就业与工业就业相比优势不足，甚至有些区是工业就业的集聚地。

**表 7－22　沈阳市各区（县）服务业/工业就业相对集中度（1990 年、2000 年）**

| 区（县） | 就业相对集中度（1990） | 区（县） | 就业相对集中度（1990） |
|---|---|---|---|
| 和平区 | 1.736299 | 和平区 | 1.809495 |
| 沈河区 | 1.216168 | 沈河区 | 1.606745 |
| 大东区 | 0.641361 | 大东区 | 0.735746 |

续表

| 区（县） | 就业相对集中度（1990） | 区（县） | 就业相对集中度（1990） |
|---|---|---|---|
| 和平区 | 1. 736299 | 和平区 | 1. 809495 |
| 皇姑区 | 1. 023946 | 皇姑区 | 0. 899052 |
| 铁西区 | 0. 541507 | 铁西区 | 0. 59736 |
| 苏家屯区 | 0. 768983 | 苏家屯区 | 0. 650503 |
| 东陵区 | 1. 231 | 东陵区 | 0. 917453 |
| 新城子区 | 0. 958803 | 新城子区 | 0. 780667 |
| 于洪区 | 1. 002157 | 于洪区 | 0. 781127 |
| 新民县 | 2. 736883 | 新民市 | 2. 303588 |
| 辽中县 | 2. 572744 | 辽中县 | 1. 835993 |
| | | 康平县 | 1. 988752 |
| | | 法库县 | 2. 803251 |

通过2000年与1990年各市区服务业就业相对集中度的比较发现，各区占全市的相对集中度来看，服务业向中心区集中的趋势较为明显。中心五区的相对集中度都有所增长。而郊区的各区（县）的就业相对集中度均有下降趋势，这表明了沈阳市的工业就业的增长速度在这些地区超过了服务业就业的增长速度，是城市工业就业增长的主要地区。

综上所述，从对沈阳市服务业内部就业多样化指数和服务业/工业相对集中度分析看，沈阳市服务业就业空间的变化表现在两个方面：一是随着经济的不断增长，工业企业从中心城区迁出，中心城区服务业的集聚效应不断增强；二是由于大规模的城市扩张，引发城市郊区服务功能进一步完善，对服务业，特别是其中的房地产、基础设施建设、市政管理等与城市建设密切相关的行业，有着显著的拉动作用。而这些行业因劳动密集，在吸收劳动力，尤其是吸收目前供给过剩的低技术劳动力方面，其效率远远高于装备制造、高新技术、金融贸易等产业。

2. 服务业从业人员空间结构特征

与制造业空间布局形成鲜明差异，沈阳市服务业从业人员空间分布表现出很强的中心集聚特征，第三产业从业人员主要集中在中心城区，尤以和平区和沈河区为最。具体到街道，规模最大的街道包括和平区的太原街街道、和平区的南湖街道、沈河区的新北站街道，服务业从业人口达到4

万人以上。而在和平区的马路湾街道、八经街道；沈河区的皇城街道、朱剪炉街道、山东庙街道、大西街道、五里河街道；皇姑区的黄河街道、辽河街道、新乐街道等，均形成了中心城区内较为明显的三个密度峰值。这些区域由于不同原因导致服务业业态发展集聚，比如，和平区和沈河区的部分街道因位于城市中心区是第三产业集中的区域，而皇姑区的街道和沈河区的五里河街道是沈阳市南北“金廊”的重要节点，是现代服务业发展集聚地区。在郊区也存在局部服务业就业密度峰值，分别是于洪区的南阳街道、东陵区的五三街道等。它们主要是由于位于沈阳市东西“银带”开发建设的关键位置，是服务业发展主导区。

3. 各行业空间布局

按照第三产业行业空间布局特点可以分为三类，第一类属于高度城市中心区集聚的，主要行业包括房地产业，批发和零售业，科学研究、技术服务和地质勘察业，住宿和餐饮业，租赁和商务服务业，居民服务和其他服务业，文化、体育和娱乐业，其分布主要集中在中心大团。第二类是特定区位集聚的，主要行业包括交通运输、仓储和邮政业，金融业，信息传输、计算机服务和软件业，属于典型的生产者服务业，其空间布局具有明确的区位指向，主要集中在机场等交通枢纽地区。第三类行业是布局相对分散的，包括水利、环境和公共设施管理业，卫生、社会保障和社会福利业，教育业，公共管理和社会组织服务业等。公共服务业，主要根据城市居民分布进行均衡配置，所以这类行业空间布局往往与人口分布相近，具有相对分散的布局特征。

## 三　下岗失业

沈阳市就业结构除了在三次产业之间的变化外，在所有制结构上，变化也较为突出。国有经济就业比重下降，非公有制经济就业空间上升较快。2003 年，沈阳市全部从业人员中，国有经济和集体经济的从业人员分别为 71.8 万人和 129.7 万人，占全部从业人员的 20% 和 37%，1990 年则为 42% 和 50%，分别下降了 22% 和 13%。2003 年，私营、个体和其他非公有制经济单位的就业人员数量为 151.8 万人，占全部从业人员的 43%，较之 1990 年的 9% 上升了 34%（见表 7－23）。90 年代初，沈阳市从业人员基本集中在国有经济和集体经济类型的单位就业，随着经济发展，这种布局被逐渐打破，从业人员越来越多地开始投入私营和个体经济中。城市国有企业比例高，国企在计划经济时期作为政府的附属单位，实行的是“低工资，高就业”劳动用工制度，这导致企业内部大量劳动力闲置，隐性失业严重。因此，经济体制转轨后大批富余职工下岗分流是其必然结果。

**表 7-23　沈阳市从业人员按经济类型分组情况**　单位：万人

| 按经济类型分组 | 1990 年 | 1995 年 | 2000 年 | 2002 年 | 2003 年 |
|---|---|---|---|---|---|
| 国有经济 | 148.7 | 141.2 | 112.8 | 83.1 | 71.8 |
| 集体经济 | 178.5 | 171.5 | 139.5 | 125.4 | 129.7 |
| 私营经济 | 3.7 | 15.1 | 40.6 | 48.5 | 52.4 |
| 个体经济 | 16.8 | 31.0 | 56.4 | 77.2 | 66.6 |
| 其他经济类型 | 9.9 | 19.6 | 28.9 | 32.8 | 32.8 |

加之 20 世纪 90 年代以来，沈阳市由于产业转型，劳动力需求结构发生变化，第二产业中传统工业部门的从业人员减少。产业转型过程中，企业大量职工下岗失业是不可避免的。2004 年，沈阳市下岗分流职工 22 万人，其中国有企业下岗分流职工 7.8 万人，占全市职工总数的 6.2%，占全部下岗分流职工的 35.5%。下岗职工主要集中在制造业、采矿业、建筑业、批发和零售业以及交通运输、仓储和邮政业等行业，这五个行业共有下岗职工 20.1 万人，占全市下岗职工总数的 91.2%。这些行业的企业，多为传统工业企业，生产经营困难，大多处于停产、半停产或经营亏损状态，资金严重缺乏，加之下岗职工人数较多，因此，在下岗职工基本生活保障和企业再经营方面存在很多困难。

近年来，沈阳市由于产业结构调整影响就业弹性系数下降，资本和技术对劳动的替代作用也很显著，导致沈阳市失业人口数量较大的问题没有得到根本解决，沈阳市仍然处于失业高峰期。此外，产业结构的调整和升级使得原来一些陈旧、落后、技术含量低的劳动岗位减少，大量下岗失业人员因为文化程度偏低和技能单一，很难适应转业和转岗的要求。劳动部门统计显示，沈阳市下岗职工中，初中及初中以下文化程度的劳动者占下岗职工总数的 70%，这些人普遍从业技能单一，教育程度过低，缺乏在劳动力市场竞争的能力。城市高新技术产业中所需的技术人员缺口较大，从业人员技术供需不匹配问题严重，这也使城市在产业结构调整中，人口增长和劳动力就业的矛盾日益突出，就业能力减弱，失业人员不断增多，登记失业率居高不下。沈阳市总人口由1990年的646.1万人增加到2003年的689.1万人，年均增长率为0.5‰。而此期间就业人数则呈先增后减趋势，1990年，就业人数为357.7万人，到1995年增至378.5万人，2003年却降至353.3万人，1995—2003年年均递减率为0.86%。1990—2003年，职工总人数也一直呈下降趋势，由1990年的230.5万人，降至2003年的119.3万人。2000年城镇登记失业人口为6.5万人，登记失业率2.5%，2003年，登记失业人口上升为17.2万人，登记失业率达到6%，实际失业率更高。2001年，就业者负担人口为0.84%，2003年为0.95%。加之老工业基地深受传统体制束缚和产业结构限制，很难形成新的就业增长点，这进一步加剧了老工业基地的就业难度。

### 四　就业制度变迁

沈阳市产业转型过程中老工业城市的就业问题尤为突出，即国有企业占统治地位的老工业城市在体制转轨过程中原有的就业体制失去效用，而新的就业体制赖以生存的市场经济又没有发育完全。[①] 为了解决这一问题，加快就业体制改革刻不容缓。1986年，我国将劳动用工制度由固定工制度转变为合同工制度。1988年，全员劳动合同制试点，劳动用工制度发生根本性变革，沈阳市成为试点城市之一。进入20世纪90年代，就业制度由全民单位安排就业转变为国有、集体、个体和外资企业多渠道扩大就业。沈阳市由于受到产业结构调整、国有企业经营机制转换、产品更新换代和资本有机构成提高等因素的影响，2000—2004年，离岗职工累计达到141.2万人，其中国有单位占89.9万人。为促进就业，保障国有企业下岗职工基本生活，从1994年开始，沈阳市实施就业体制转轨的核心工作——再就业工程，沈阳市也是国家劳动部实施“再就业工程”的试点城市之一。城市采取“六个一批”，即发挥企业自身优势安置一批，组织社区家庭服务业就业一批，发挥街委等基层组织作用安置一批，组织职工自谋职业、自主择业一批，劳务输出一批，清理外来劳力安置一批的办法进行就业安置。

沈阳市原有国有企业587户，现剩余160多户。全市下岗职工最多时达到52万人，到2004年年底，有32万人实行了并轨，重新上岗。

① 董丽晶、张平宇：《老工业城市产业转型及其就业变化研究》，《地理科学》2008年第2期。

2001—2004 年，累计有 79.4 万人实现了就业和再就业。此外，传统的国有与集体经济部门的从业人员减少，而以外资企业、民营企业与个体就业为主的其他就业形式增幅明显。2004 年，沈阳市国有单位职工比重为 54.99%，集体单位为 15.42%，较之 1990 年的 63.73% 和 32.67% 有了大幅度递减，多种经济成分的企业发展迅速，职工比重增加了 25.9%。从事个体经济等灵活就业人员的比重也在不断增加。沈阳市自实施“社区就业工程”以来，已安置下岗失业人员 9.86 万人。据抽查，沈阳市需要社区服务的家庭占 34.1%，目前只有 17% 的家庭得到了服务。就业门槛低、劳动强度不大、对从业人员素质要求不高的社区服务业，仍有巨大的就业容量和发展潜力。

此外，伴随沈阳市国有企业改革和再就业工程的实施，企业保障转变为社会保障进程也在不断加快。2001—2005 年，沈阳市社会保障各项指标，除参加失业保险人数和享受最低保障金人数外，均呈现不断增长的态势，其中以基本养老保险费、失业保险费和社会保险费的征收额以及参加基本养老保险人数、参保职工人数和参加医疗保险人数的增长趋势最为明显。而参加失业保险人数和享受最低保障金人数，从 2002 年开始趋于下降，这也说明沈阳市在对下岗失业人员的再就业安置方面工作的成效开始显现。

**表 7-24　　沈阳市社会保障主要指标**　　单位：亿元、万人

| 指标 | 2001 年 | 2002 年 | 2003 年 | 2004 年 | 2005 年 |
|---|---|---|---|---|---|
| 基本养老保险费征收额 | 31.4 | 42.2 | 44.0 | 41.0 | 52.7 |
| 基本养老支出 | 37.5 | 39.0 | 36.5 | 46.9 | 54.3 |
| 失业保险费征收额 | 2.1 | 3.1 | 4.2 | 3.7 | 4.2 |
| 失业保险基金支出 | 2.2 | 3.4 | 5.4 | 5.7 | 5.1 |
| 社会保险费征收额 | 28.3 | 33.0 | 38.1 | 58.0 | 75.5 |
| 参加基本养老保险人数 | 201.0 | 203.2 | 212.5 | 216.1 | 230.2 |
| 参保职工人数 | 137.1 | 136.5 | 143.0 | 143.7 | 154.9 |
| 社会发放养老金 | 31.7 | 33.6 | 35.6 | 40.5 | 47.5 |
| 参加失业保险人数 | 120.5 | 130.1 | 127.6 | 118.5 | 117.2 |
| 参加医疗保险人数 | 60.0 | 133.6 | 155.6 | 175.7 | 192.6 |
| 享受最低保障金人数 | 17.5 | 18.6 | 17.3 | 16.6 | 17.1 |

## 五 就业观念转变

沈阳市作为中华人民共和国成立初期国家重工业优先发展战略的主要城市之一，当时一大批大型制造装备企业落户城市，城市中与国有工业企业有着直接或间接联系的人比例较高。单位体制的诸要素在这里出现早，影响面大，持续时间长，其内在结构也更为单一。① 受地域经济结构、文化特色、历史积淀等因素的影响，“单位制”更为典型。在单位内部，资源主要由单位垄断，个人与单位的关系异常紧密，单位的规范，单位生活的习惯，深刻影响和制约着人们的行为。② 20 世纪 90 年代以来，城市产业转型加速，“典型单位制”下的就业文化正在解体。同时，创业经济、开放经济和民本经济等适应市场经济发展的文化逐渐形成，“单位人”向“市场人”转变。此外，沈阳市的工业文化特色已经形成了独特的吸引力，城市里有大量的技术工人。在产业转型影响下，大工业文化氛围、工业文化情结正日渐被打破，人们的就业观念也在发生变化，逐渐抛弃了重工轻商以及计划经济时期形成的“等、靠、要”思想，打破了“单位人”情结，人们主动培养新的技能，寻找新的就业岗位，从消极待业向积极就业转变。

沈阳市自 2001 年启动小额贷款扶持创业，建立起促进再就业的小额贷款制度，对下岗失业人员自谋职业、组织就业和创办以吸收下岗人员为主的小型企业给予资金上的扶持。2005 年，全年发放小额担保贷款 12148.1 万元，实名制培训下岗失业人员 8.6 万人，开展创业培训 2415 人。下岗失业人员自主创业，就业再就业实现了由“输血型就业”向“造血型就业”转变，新的企业家文化在城市中逐渐形成。2004 年，沈阳市成为全国首批创业试点城市，即创办小企业、开发新岗位试点城市。三年内，初创小企业及前期创业扶持工作除将获得国家财政专项补助资金支持外，沈阳市政府还对现有小企业进行专业培训，提升小企业的生存发展能力，减少小企业倒闭风险，稳定和增加就业岗位；同时培养大学生的创业意识，鼓励和扶持大学毕业生创办各类技术型小企业；引导城市失业人员和下岗职工创办小企业；改善创业和就业环境。此外，素有“东方鲁尔”之称的老工业区——铁西区，自 2002 年与沈阳市经济技术开发区合

① 田毅鹏主编：《“单位社会”的终结，东北老工业基地“典型单位制”背景下的社区建设》，社会科学文献出版社 2005 年版，第 125 页。

② 刘平：《从新二元社会分析到社会政策选择》，《社会科学辑刊》2005 年第 1 期。

署办公以来，商业文化氛围渐浓，实现了工业文化向商业文化转变，为服务业发展提供了巨大空间。2002—2004 年，铁西新区共引进服务业项目 350 个，总建筑面积 880 万平方米，投资总额 262 亿元。2004 年，全区服务业企业总数达到 1.5 万户，从业人员达到 14 万人，均比 2001 年前增长了两倍，铁西新区已成为沈阳市服务业发展的新高地。

## 第四节 沈阳市就业空间调控对策

由于城市就业空间既受宏观大环境影响，如土地市场化、城市历史遗留空间结构、住房体制改革、现代人居住地选择偏好转变等影响，又受由政府决策的城市建设发展战略及制定的各项规划影响，对于宏观大环境及历史遗留的空间结构，很难对其进行改变，但可以通过影响政府决策行为来优化城市空间结构，使得城市就业空间尽量达到优化状态。主要可从以下几方面入手：

### 一 产业与人口协同空间转移战略

由于产业结构调整，沈阳市大型工业企业逐渐向外转移，但就业人口并未随之改变居住地点，仍然居住在市中心；与此同时城市中心区吸引大量就业，同时由于高昂的房价许多人选择居住在近郊区。尽管城市外围已形成新的居住中心和就业中心，但由于产业与人口没有协同转移，居住在近郊区的人群前往中心区就业，而居住在中心区的人群前往近郊区就业，造成居住与就业空间双向不匹配现象。因此，未来城市新的发展空间上的就业集聚和各项开发建设应实行产业与人口协同空间转移战略。

实行产业与人口协同转移，房地产开发不能只考虑潜在购买者的收入和学历水平，更应该注重就业分布与生活习惯，避免居住地与就业地过度分离；而对于近郊区产业开发建设情况，政府应在开发区、工业园等就业集聚地周围开发一些大型居住区以满足此地就业群体的居住需要。沈阳市在中、东、南、西、北、东北方向分别形成六大产业片区，与此同时，在东、南、西、北四个方向形成新城子新城、佟沟新城、胡台新城、永安新城、沈抚新城五大新城。这就要求城市各产业片区将与各新城发展相匹配结合，优化城市空间结构，以整体降低城市居民的通勤时间与距离，最终使居住与就业空间达到匹配状态。

### 二　避免城市蔓延，集约利用土地

随着城市人口的增加，城市建设可适度超前，但沈阳市城市外围的大规模低密度开发建设降低了城市土地利用效率，过快增大了城市生活半径，带来本可避免的长距离通勤，增加了城市居民通勤时间。为此，政府应走节约集约利用土地之路。未来规划可从以下四方面来加强沈阳市土地节约集约利用：第一，需明确加强对耕地和基本农田的保护，不可随意侵占；第二，划定城市空间管制范围，对适建区进行合理开发建设，对限建区应按其限制要求进行适度开发建设，对禁建区严禁开发建设，合理控制城市发展速度；第三，应根据城市不同地区的建设强度建立完善的土地利用指标体系，并严格执行；第四，对城市用地内部潜力进行充分挖掘，最大限度地提高城市的投入产出比，提高城市土地的利用效率和集约化程度，节约集约利用土地。

### 三　完善近郊区公共设施配套，提高近郊区磁力

在城市发展过程中，近郊区的开发建设尽管在一定程度上缓解了城市中心区的居住与就业压力，但由于各项公共设施配套滞后于人口迁移，致使城市中心区依然是人口居住与就业大量聚集的核心地区。近郊区新城的开发建设并未能十分有效地疏解城市中心区交通压力，过大的向心流交通致使城市交通拥堵依然严重，此为居住地与就业地通勤时间过长的重要原因之一。因此，近郊区新城的建设应走可持续发展的城市化道路，加强近郊区各项基础设施和公共设施的配置，大力发展文化、教育、体育、医疗等各项社会卫生事业，建立功能完备、交通便捷、环境优美的新城，增强近郊区新城的居住就业吸引磁力，以便更好地承接城市中心区人口和产业的逐步转移，缓解中心城区居住、就业及交通等各项负担，优化城市居住与就业空间结构，辐射和带动整个区域经济快速发展。

### 四　培育多核心城市空间结构

政府早已意识到单核心城市空间结构已为沈阳市带来许多城市问题，已不适合沈阳市目前发展现状。现今沈阳市空间结构已逐步向多核心方向演变，在中心区外围已形成浑南主城、北部新城和西部新城三个新城，由于浑南新区以及“银带”的开发，沈阳市中心呈现逐步南移趋势，但整体人口还是集中在老城中心。未来城市规划应引导城市空间结构向“一主一副多中心”格局发展。通过规划引导，构建多中心的城市空间结构，寻求新的发展空间，这一方面有助于疏散城市中心区过于密集的城市人口

和城市功能，另一方面可加快近郊区的城市发展，逐步缩小中心区与近郊区之间在空间发展上的地域差异，使区域整体达到均衡发展，进而实现居住与就业空间的均衡发展。

### 五　合理制定城市建设规划及发展战略

对于城市未来各项发展战略，政府不能单纯考虑经济效益，还要考虑城市居民居住与就业空间匹配情况，这关系生活在城市中的每一个人的切身利益。对于地铁线路的选址、未来商圈的培育、居住环境的改善、未来城市扩展方向等，都要经过科学的调查研究再确定。要注意，地铁的建设对居住的拉动比对就业更加明显与直接，而单纯改善一个地区的居住环境可能会加剧一个地区的居住与就业空间不匹配，在改善环境的同时，注意适当投入一定的经济建设以保证其周边可提供相应的就业岗位。

只有从全局出发，合理制定各项规划和城市建设发展战略，才能调整和改善城市交通路网结构，增加城市用地集约度，避免城市蔓延，才能使沈阳市空间结构由单核心向多核心发展，优化城市空间结构，最终缩短城市居民通勤时间和通勤距离，使城市居民居住与就业空间最终可以达到一种动态匹配状态。

# 参考文献


[1] 包忠明、左静艳:《创业文化与振兴东北老工业基地》,《行政与法》2004 年第 9 期。

[2] 陈才、杨晓慧:《东北地区的产业空间结构与综合布局》,《东北师大学报》(哲学社会科学版)2004 年第 3 期。

[3] 陈楷根、曾从盛、陈加兵:《基于资源环境考虑的产业结构选择基准的探讨》,《人文地理》2003 年第 6 期。

[4] 陈明森:《我国产业重组与产业组织政策的创新》,《中国工业经济研究》1991 年第 5 期。

[5] 陈文晖、吴耀:《开发区与城市在空间上的协调发展》,《开放导报》1996 年第 12 期。

[6] 陈雄、朱华友、张理华:《东北老工业基地产业区位问题及其重构的目标方式》,《经济地理》2006 年第 3 期。

[7] 陈建华:《国际化城市产业结构变化的空间结果》,博士学位论文,上海社会科学院,2006 年。

[8] 陈桢:《中国经济增长的就业效应问题研究》,博士学位论文,西南财经大学,2006 年。

[9] 程贯平:《我国劳动力市场分割及其变迁的研究》,硕士学位论文,华南师范大学,2004 年。

[10] 崔凤军、杨永慎:《产业结构对城市生态环境的影响评价》,《中国环境科学》1998 年第 2 期。

[11] 戴伯勋主编:《现代产业经济学》,经济管理出版社 2001 年版。

[12] 戴怡富:《工业生态化是我国新世纪工业发展的必然选择》,《生态经济》2001 年第 8 期。

[13] 董丽晶、张平宇:《1990 年代以来沈阳市就业结构的空间分异》,《人文地理》2008 年第 1 期。

[14] 董丽晶、张平宇：《老工业城市产业转型及其就业变化研究》，《地理科学》2008 年第 2 期。

[15] 董锁成、许存茂：《地域生产综合体与大西北开发》，《开发研究》1990 年第 2 期。

[16] 段钢：《从硅谷看城市郊区化的特征及成因》，《北京规划建设》1999 年第 1 期。

[17] 冯建：《转型期中国城市内部空间重构》，科学出版社 2004 年版。

[18] 樊杰、曹忠祥、吕昕：《我国西部地区产业空间结构解析》，《地理科学进展》2002 年第 4 期。

[19] 顾朝林：《概念规划——理论、方法、实例》，中国建筑工业出版社 2005 年版。

[20] 《国际全球变化研究框架与新计划》，http：//www：globalchange：ac：cn/old/2001 -1 -new%20global%20change%20programs：pdf。

[21] 葛永军、许学强、阎小培：《中国城市产业结构的现状特点》，《城市规汇刊》2003 年第 3 期。

[22] 郭鸿懋主编：《城市空间经济学》，经济科学出版社 2002 年版。

[23] 郭丕斌：《新型城市化与工业化道路——生态城市建设与产业转型》，经济管理出版社 2006 年版。

[24] 郭丛斌：《有关劳动力市场分割理论研究的文献述评》，《北大教育经济研究》（电子季刊）2004 年第 2 期。

[25] 郭承龙、郭伟伟、张承谦：《资源型城市的产业组织结构探讨》，《经济师》2007 年第 1 期。

[26] 郭明、张明生：《黑龙江老工业基地现阶段失业矛盾与就业导向》，《理论探讨》2004 年第 6 期。

[27] 郭腾云、陆大道、甘国辉：《近 20 年来我国区域发展政策及其效果的对比研究》2002 年第 4 期。

[28] 谷春立：《在铁西老工业基地改造振兴中全面加强党的执政能力建设》，2004 年 12 月 22 日。

[29] 何承金：《劳动经济学》，东北财经大学出版社 2002 年版。

[30] 何维达主编：《WTO 与中国产业升级》，中国统计出版社 2000 年版。

[31] 黄寰：《论自主创新与区域产业结构优化升级》，博士学位论文，四

川大学，2006 年。

[32] 黄健毅：《我国老工业城市发展的区位因素与经济振兴模式研究》，硕士学位论文，中国科学院研究生院，2009 年。

[33] 胡进祥：《产业组织简论》，《经济与管理研究》1991 年第 1 期。

[34] 胡立君、郑艳劳：《劳动力流动与产业组织变化的互动关系研究》，《中国工业经济》2006 年第 11 期。

[35] 金凤君主编：《东北地区振兴与可持续发展战略研究》，商务印书馆 2006 年版。

[36] 金吾伦：《当代西方创新理论新词典》，吉林人民出版社 2001 年版。

[37] 景维民：《转型经济学》，南开大学出版社 2003 年版。

[38] 蒋选：《我国中长期失业问题研究——以产业结构变动为主线》，中国人民大学出版社 2004 年版。

[39] 蒋瑛：《高技术产业的空间集聚研究》博士学位论文，四川大学，2003 年。

[40] 江宁：《易地改造是企业跳跃发展的捷径》，《软件工程师》1996 年第 6 期。

[41] 孔令丞：《论中国产业结构优化升级》，博士学位论文，中国人民大学，2003 年。

[42] 孔玉霞：《沈阳市主要环境污染问题及防治对策》，《辽宁大学学报》（自然科学版）2005 年第 6 期。

[43] L. R. Kohler ：《全球环境变化国际人力因素计划推出的工业转变研究举措》，《产业与环境》1999 年第 1 期。

[44] 林兰、曾刚：《纽约产业结构高级化及其对上海的启示》，《世界地理研究》2003 年第 3 期。

[45] 林湘华：《广东省劳动力人口空间分布及变动研究》，《市场与人口分析》2003 年第 5 期。

[46] 林云莲：《产业生态管理：一种可持续发展的管理新范式》，《科学管理研究》2006 年第 1 期。

[47] 李浩：《老工业基地改造过程中国有破产企业土地处置问题研究》，硕士学位论文，重庆大学，2005 年。

[48] 李浩：《对老工业基地国有破产企业土地处置工作的改革建议》，《现代城市研究》2003 年期。

[49] 李小建：《国有企业改革对区域经济发展的影响》，《经济地理》1998 年第 3 期。

[50] 李冬生：《大城市老工业区工业用地的调整与更新》，同济大学出版社 2005 年版。

[51] 李小建：《公司地理论》，科学出版社 2002 年版。

[52] 李艳玲：《美国城市更新运动与内城改造》，上海大学出版社 2004 年版。

[53] 刘传江主编：《经济可持续发展的制度创新》，中国环境科学出版社 2002 年版。

[54] 刘再兴：《工业地理学》，商务印书馆 1997 年版。

[55] 刘丽娜：《沈阳原材料工业拉长产业链》，《辽宁日报》2005 年 3 月 11 日。

[56] 刘建其： 《经济体制与产业结构》，博士学位论文，厦门大学，2003 年。

[57] 刘易斯：《发展计划》，北京经济学院出版社 08 年版。

[58] 刘凤岐：《论劳动力买方市场条件下劳动者就业观念的转变》，《延安大学学报》（社会科学版）1997 年第 2 期。

[59] 刘刚：《中国工业产业组织的现状及合理化途径》，《中州学刊》2007 年第 1 期。

[60] 刘海燕：《开发区是承接产业转移的载体》，《辽宁行政学院学报》2004 年第 6 期。

[61] 刘平：《从新二元社会分析到社会政策选择》，《社会科学辑刊》2005 年第 1 期。

[62] 刘素华：《我国老工业基地失业问题初探》，《经济体制改革》2000 年第 2 期。

[63] 刘卫华：《分工的动力机制与产业组织演进》，《河南理工大学学报》（社会科学版）2007 年第 8 期。

[64] 刘晓滨：《经济全球化与国企改革》，《中国石油和化工》2000 年第 8 期。

[65] 刘晓丹：《老工业基地调整改造中的社会保障体系建设》，《哈尔滨商业大学学报》（社会科学版）2004 年第 6 期。

[66] 隆啸、王玲玲：《沈阳国企改革：不设限的总攻》，《中国土业报》

2005 年 8 月 5 日。

[67] 理查德·施马伦西：《产业组织》，载《新帕尔格雷夫经济学大辞典》(III)，经济科学出版社 1996 年版。

[68] 梁湄：《我国经济增长与就业关系的实证研究》，硕士学位论文，重庆师范大学，2006 年。

[69] 陆大道主编：《中国区域发展的理论与实践》，科学出版社 2003 年版。

[70] 陆国庆：《论衰退产业调整模式》，《学习与探索》2001 年第 1 期。

[71] 罗建怡：《古坑华山地方产业转型观光发展的问题与策略》，硕士学位论文，(中国台湾) 世新大学，1994 年。

[72] 罗元文：《老工业基地劳动力就业问题研究》，《经济与管理研究》2002 年第 1 期。

[73] 穆怀中：《社会保障的收入再分配性质和途径分析》，《中国社会保障》2004 年第 7 期。

[74] 迈克尔·波特：《簇群与新竞争经济学》，《新华文摘》2000 年第 7 期。

[75] N. Parsons、A. Storer：《英国南威尔士的冗员、培训和就业状况》，载袁志刚主编《经济全球化下的就业政策》，中国劳动社会保障出版社 2004 年版。

[76] 潘伟志：《中心城市产业转型初探》，《兰州学刊》2004 年第 5 期。

[77] 潘祥武、张德贤、王琪：《生态管理：传统项目管理应对挑战的新选择》，《管理现代化》2002 年第 5 期。

[78] 戚聿东：《坚持规模经济原则，重塑国有资产的产业组织》，《计划与市场》1992 年第 12 期。

[79] 戚聿东：《我国产业组织研究观点综述》，《北京经济瞭望》1995 年第 1 期。

[80] 秦汉锋：《技术创新与制度创新互动关系理论的比较》，《经济科学》1999 年第 5 期。

[81] 任宗哲：《城市功能和城市产业结构关系探析》，《电子科技大学学报》(社会科学版) 2000 年第 2 期。

[82] 石崧：《从劳动空间分工到大都市区空间组织》，博士学位论文，华东师范大学，2005 年。

[83] 沈阳市人民政府地方志办公室：《沈阳市志第二卷——城市建设》，沈阳出版社 1998 年版。

[84] 沈阳市人民政府：《沈阳市“十一五”规划纲要》，2005 年 12 月 30 日。

[85] 沈阳市计划委员会、沈阳市铁西工业区改造办公室：《沈阳铁西工业区“十五”区域性总体改造调整计划纲要及 2010 年发展设想》，2001 年 4 月。

[86] 沈阳市对外贸易经济合作局：《沈阳市利用外资和对外贸易总体情况》，2006 年 4 月 18 日。

[87] 沈建法、王桂新：《上海中心城 1990 年代以来人口分布及其变动趋势的模型研究》《中国人口科学》2000 年第 5 期。

[88] 苏梅：《风生水起看铁西——采自振兴东北老工业基地前沿的报告》，《国土资源》2004 年第 10 期。

[89] 孙淼：《沈阳工业区位变迁与城市工业结构的优化》，硕士学位论文，东北师范大学，2002 年。

[90] 孙施文、陈宏军：《城市总体规划实施政策概要》，《城市规划汇刊》2001 年第 1 期。

[91] 唐坚：《老工业基地改造与振兴若干问题》，《社会科学》2004 年第 4 期。

[92] 唐志丹、西凤茹：《老工业基地国有企业文化的沉淀分析与优势发挥》，《科技进步与对策》2005 年第 7 期。

[93] 王芳：《江西产业结构与就业结构的相关性研究》，《统计观察》2004 年第 1 期。

[94] 王冠木、刘忠刚、邱明煊：《宏观体系下的城市空间演化——以沈阳市城市形态为例》，《城市规划》2004 年第 1 期。

[95] 王桂新：《魏星：上海从业劳动力空间分布变动分析》，《地理学报》2007 年第 2 期。

[96] 王立云、叶晓平：《解决东北老工业基地再就业问题的思路与对策》，《理论前沿》2004 年第 15 期。

[97] 王荣科：《我国区域发展政策的回顾与展望》，《安徽大学学报》（哲学社会科学版）2002 年第 3 期。

[98] 王如松：《产业生态学与生态产业研究进展》，《城市环境与城市生

态》2001 年第 1 期。
[99] 王如松：《资源、环境与产业转型的复合生态管理》，《系统工程理论与实践》2003 年第 2 期。
[100] 王慎十、娄成武：《“社保试点”在辽宁老工业基地振兴中的作用及启示》，《东北大学学报》（社会科学版）2007 年第 9 期。
[101] 王向峰：《从文化视角看老工业基地振兴》，《理论界》2004 年第 2 期。
[102] 王晓君：《济南市产业结构与就业结构相关性的实证分析》，《济南大学学报》2005 年第 3 期。
[103] 王战和、许玲：《高新技术产业开发区与城市经济空间结构演变》，《人文地理》2005 年第 2 期。
[104] 吴志红、王庆军：《论沈阳现代服务业与装备制造业的协调发展》，《集体经济研究》2006 年第 25 期。
[105] 武云甫、苗栓明、景洪兰：《发展城市自行车专用道路》，《城市公用事业》2003 年第 2 期。
[106] 向德平：《城市社会学》，武汉大学出版社 2002 年版。
[107] 西蒙·库兹涅茨：《各国的经济增长》，商务印书馆 1985 年版。
[108] 徐充：《完善东北老工业基地社会保障体系的探索》，《理论探讨》2004 年第 2 期。
[109] 徐传谌、庄慧彬：《制度创新是振兴东北老工业基地的关键》，《学习与探索》2004 年第 1 期。
[110] 徐敏捷、张锦华：《沈阳老工业基地就业再就业问题研究》，《沈阳干部学刊》2004 年第 1 期。
[111] 许骏：《关于我国土地出让制度的思考》，《四川建筑》2005 年第 6 期。
[112] 薛巍：《老工业基地的就业弹性与就业结构分析——以辽宁为例》，《科技和产业》2005 年第 5 期。
[113] 陶文达：《发展经济学》，四川人民出版社 1992 年版。
[114] 田毅鹏主编：《“单位社会”的终结，东北老工业基地“典型单位制”背景下的社区建设》，社会科学文献出版社 2005 年版。
[115] I. Turok ：《老工业城市的复兴格拉斯哥的经验及对中国东北的启示》，《国外城市规划》2005 年第 1 期。

[116] 汪涛主编：《谋划发展，再创辉煌——沈阳市“十一五”发展战略研究》，沈阳出版社 2006 年版。

[117] 王兴平：《中国城市新产业空间——发展机制与空间组织》，科学出版社 2005 年版。

[118] 王兴中主编：《中国城市社会空间结构研究》，科学出版社 2000 年版。

[119] 吴颖慧：《沈阳市中小企业面临发展大好时机》，《证券日报》2004 年 6 月 27 日。

[120] 延善玉、张平宇、马延吉等：《沈阳市工业空间重组及其动力机制》，《人文地理》2007 年第 3 期。

[121] 延善玉：《沈阳铁西工业区改造研究》，硕士学位论文，中国科学院研究生院，2007 年。

[122] 严法善：《经济全球化与中国经济结构调整》，《当代经济研究》2002 年第 12 期。

[123] 杨艳茹：《城市人口郊区化的地理过程研究》，硕士学位论文，东北师范大学，2004 年。

[124] 杨建新、王如松：《产业生态学基本理论探讨》，《城市环境与城市生态》1998 年第 2 期。

[125] 杨雪：《法国东北老工业区振兴中的就业政策》，《人口学刊》2004 年第 5 期。

[126] 叶奇、刘卫东：《西方经济地理学对劳动力问题的研究进展》，《地理学报》2004 年第 59 期。

[127] 余东华：《制度变迁中的所有制改革与产业组织演进》，《山东大学学报》2006 年第 1 期。

[128] 姚宁：《沈阳市新工业化战略研究》，硕士学位论文，大连理工大学，2003 年。

[129] 余东华：《转型期中国产业组织结构优化研究》，博士学位论文，山东大学，2005 年。

[130] 张建平：《澳门信息业发展与产业转型》，《广东社会科学》1999 年第 4 期。

[131] 张建武、宋国庆、邓江年：《产业结构与就业结构的互动关系及其政策含义》，《经济与管理研究》2005 年第 1 期。

[132] 张锦华、赵爱虹：《解决老工业基地就业问题的难点与对策》，《沈阳大学学报》2005 年第 1 期。

[133] 张平宇：《沈阳市铁西工业区改造的制度与文化动力》，《人文地理》2006 年第 2 期。

[134] 张小武、朱道林、王霞：《土地招拍挂制度及地价与房价关系的实证研究——以沈阳市为例》，《价值理论与实践》2005 年第 6 期。

[135] 张晓平、刘卫东：《开发区与我国城市空间结构演进及其动力机制》，《地理科学》2003 年第 2 期。

[136] 张再生：《试论城市土地使用制度改革与土地市场问题》，《经济问题探索》1996 年第 4 期。

[137] 张志忠、岳顺之：《创新——经济全球化背景下老工业基地的抉择》，《山东理工大学学报》（社会科学版）2006 年第 3 期。

[138] 甄峰、顾朝林、沈建法：《改革开放以来广东省空间极化研究》，《地理科学》2000 年第 5 期。

[139] 周建安：《中国产业结构升级与就业问题的灰色关联分析》，《财经理论与实践》2006 年第 5 期。

[140] 周娟、刘亚臣：《工业区位及其影响因素浅析——以沈阳工业区位布局为例》，《沈阳建筑大学学报》（社会科学版）2005 年第 4 期。

[141] 周新军：《劳动关系与劳资关系：两种体制下的经济关系》，《现代财经》2001 年第 12 期。

[142] 周一星、孟延春：《中国大城市的郊区化趋势》，《城市规划汇刊》1998 年第 3 期。

[143] 周一星、孟延春：《沈阳的郊区化——兼论中西方郊区化的比较》，《地理学报》1997 年第 4 期。

[144] 周一星：《城镇郊区化和逆城镇化》，《城市》1995 年第 4 期。

[145] 周一星：《北京的郊区化及引发的思考》，《地理科学》1996 年第 3 期。

[146] 邹德斌：《城市建设中的旧城改造与新区开发》，《沈阳建筑工程学院学报》（自然科学版）2002 年第 1 期。

[147] 赵子祥主编：《沈阳市市经济社会形势分析与预测》，社会科学文献出版社 2006 年版。

[148] 张平宇：《东北地区城市老工业区改造》，载金凤君主编《东北地

区振兴与可持续发展战略研究》，商务印书馆2006年版。

[149] 张德慧：《东北老工业基地深化国有企业改革的难点与对策》，硕士学位论文，吉林大学，2004年。

[150] 张洛锋：《劳动空间分工与城市群空间重组》，硕士学位论文，华东师范大学，2006年。

[151] 钟勇：《产业结构演进机理研究》，博士学位论文，中国人民大学，2004年。

[152] 中国制造协作网（http：//www：cmc：gov：cn/version2/application/xitong：asp）。

[153] Adams, J. D., *Transforming Work*, Miles Review Press, Alexandria, V. A., 1984.

[154] Baxter, M., and Kouparitsas, M. A., "Trade Structure, Industrial Structure, and International Business Cycles", *The American Economic Review*, Vol. 93, No. 2, 2003.

[155] Carnoy, M., and Rumberger, R. W., "Segmentation in the US Labor Market: Its Effects on the Mobility and Earnings of Whites and Blacks", *Cambridge Journal of Economics*, No. 4, 1980, pp. 117 - 132.

[156] Clark, G. L., "The Employment Relation and Spatial Division of Labour: A Hypothesis", *Annals of the Association of American Geographers*, Vol. 71, No. 3, 1981.

[157] Clark, T. N., Lloyd, R., Wong, K. K., and Jain, P., "Amenities Drive Urban Growth: A New Paradigm and Policy Linkages", *Research in Urban Policy*, No. 9, 2003, pp. 291 - 322.

[158] Chen, C. J., and Huang, C. C., "A Multiple Criteria Evaluation of High - tech Industries for the Science - based Industrial Park in Taiwan", *Information & Management*, Vol. 41, No. 7, 2004.

[159] CNC - IHDP, http: //www: ihdp - cnc: cn/workgroup/IT: htm.

[160] Coffey, W. J., and Shearmur, R. G., "Intrametropolitan Employment Distribution in Montreal, 1981 - 1996", *Urban Geography*, No. 22, 2001, pp. 106 - 129.

[161] Coffey, W. J. et al., "The Intrametopolitan Location of High Order Services: Patterns, Factors and Mobility in Montreal", *The Journal of Region-*

al Science Association International, No. 75, 1996, pp. 293 – 323.

[162] Coffey, W. J., and Shearmur, R. G., "Aggomeration and Dispersion of high – order Service Employment in the Monstreal Metropolitan Region, 1981 – 1996", *Urban Studies*, No. 39, 2002, pp. 359 – 378.

[163] Crewe, L., and Beaverstock, J., "Fashioning the City: Cultures of Consumption in Contemporary Urban Spaces", *Geoforum*, Vol. 29, No. 3, 1998.

[164] Dewick, P., Green, K., Fleetwood, T., and Miozzo, M., "Modelling Creative Destruction: Technological Diffusion and Industrial Structure Change to 2050", *Technological Forecasting & Social Change*, No. 73, 2006, pp. 1084 – 1106.

[165] De Vise, P., "The Suburbanization of Jobs and Minority Employment" *Economic Geography*, No. 52, 1976, pp. 348 – 363.

[166] Danson, M. W., Lever, W. F., and Malcolm, J. F., "The Inner City Employment Problem in Great Britain, 1952 – 1976: A Shift – share Approach", *Urban Studies*, Vol. 17, No. 2, 1980.

[167] Edwards, R., Reich, M., and Gordon, D. M. (eds.) *Labor Market Segmentation*, *Lexington*, Mass: D: C Health & Co., 1975.

[168] Erickson, C. L., and Kuruvilla, S., "Industrial Relations System Transformation", *Industrial and Labor Relations Review*, Vol. 52, No. 1, 1998.

[169] Fagerberg Jan, *The Oxford Handbook of Innovation*, Oxford University Press, Oxford, New York, 2004.

[170] Frenkel, A., "Why High – technology Firms Choose to Locate in or Near Metropolitan Areas", *Urban Studies*, No. 7, 2001, pp. 1083 – 1101.

[171] Frosch, R. A., "Industrial Ecology: A Philosophical Introduction", *Proceedings of the National Academy of Science of the U. S. A.*, No. 89, 1992, pp. 800 – 803.

[172] Greunz, L., "Industrial Structure and Innovation – evidence from European Regions", *Journal of Evolutionary Economics*, No. 14, 2004, pp. 563 – 592.

[173] Gospodini, A., "Portraying, Classifying and Understanding the Emerging

Landscapes in the Post – industrial City", *Cities*, Vol. 23, No. 5, 2006.

[174] Gad, G., "Office Location Dynamics in Toronto: Suburbanization and Central District Specialization", *Urban Geography*, No. 6, 1985, pp. 331 – 351.

[175] Hutton, T. A., "The New Economy of the Inner City", *Cities*, Vol. 21, No. 2, 2004.

[176] Industrial Transformation, http: //130: 37: 129: 100/English/institute/IVM/research/ihdp – it/about_ it/index: html.

[177] Institute of Standards and Technology (2003), Between Invention and Innovation, an Analysis of Funding for Early – Stage Technology Development, NIST GCR 02 – 841, http: //www: atp: nist: gov/eao/gcr02 – 841/chapt2: html.

[178] Jackson, K. T., *Crabgrass Frontier: The Surburbanization of the United States*, Oxford, N. Y.: Oxford University Press, 1985.

[179] Jackson, K. T., *Crabgrass Frontier: The Surburbanization of the United States*, Oxford, N. Y.: Oxford University Press, 1985.

[180] Kelly, P. F., "Spaces of Labour Control: Comparative Perspectives from Southeast Asia", *Transactions, Hislitute of British Geographers*, Vol. 27, No. 4, 2002.

[181] Kelly, P. F., "The Local Political Economy of Labour Control in the Philippines", *Economic Geography*, 2001, Vol. 77, No. 1, 2001.

[182] Koeber, C., and Wright, D. W., "Wage Bias in Worker Displacement: How Industrial Structure Shapes the Job Loss and Earnings Decline of Older American Workers", *Journal of Socio – Economics*, No. 30, 2001, pp. 343 – 352.

[183] Lee, C., "Changing Industrial Structure and Economic Activity of Older Males in Korea", *Seoul Journal of Economics*, Vol. 17, No. 2, 2004.

[184] Logan, J. R., *The New Chinese City*, Blackwell: Oxford, 2002.

[185] Locke, R., Kochan, T., and Piore, M., "Conclusion: The Transformation of Industrial Relations? A cross – national Review of the Evidence", Employment Relations in a Changing World Economy, Cambridge: MIT Press, pp. 359 – 384.

[186] Lyons, D., "Embeddedness, Milieu, and Innovation among High - Technology Firms: A Richardson, Texas, Case Study", *Environment and Planning A*, No. 32, 2000, p. 891 - 908.

[187] Ma, L. J. C., "Urban transformation in China, 1949 - 2000: A Review and Research Agenda", *Environment and Planning A*, No. 34, 2002, pp. 1545 - 1569.

[188] Manuel Castells, and Peter Hall, *Technopoles of The World*, London: Routlege, 1994.

[189] Massey, D., *Spatial Divisions of Labor: Social Structures and the Geography of Production*, New York: Methuen, 1984.

[190] Massey, D., "Uneven Development: Social Change and Spatial Division of Labour", in Massey, D. and Allen, J. eds., Uneven Re - Development: Cities and Regions in Transition, London: Hodder and Stoughton, 1988.

[191] Martin, L. R., "Local Labor Markets: Their Nature, Performance, and Regulation", In: G. L. Clark, M. P. Feldman, and M. S. Gertler (eds.) The Oxford Handbook of Economic Geography, Oxford: Oxford University Press, 2000.

[192] Marelli, E., "Evolution of Employment Structures and Regional Specialization in the EU", *Economic Systems*, No. 28, 2004, pp. 35 - 59.

[193] Miller, R. L., "The Industrial Context of Occupational Mobility: Change in Structure", *Research in Social Stratification and Mobility*, No. 18, 2001, pp. 313 - 353.

[194] Mizuno, K., Mizutani, F., and Nakayama, N., "Industrial Diversity and Metropolitan Unemployment Rate", *Ann Reg Sci*, No. 40, 2006, pp. 157 - 172.

[195] Nelson, K., "Back Office and Female Labour Market: Office Suburbanization in the San Francisco Bay Area", Unpublished PhD. dissertation from University of California in 1984.

[196] Noren, R., "Industrial Transformation in the Open Economy: A Multisectoral View", *Journal of Policy Modeling*, Vol. 20, No. 1, 1998.

[197] Ozawa, T., "Japan's Dual Industrial Structure as a Welfare System:

The Lexus and the Olive Tree – and the Vulture", *Journal of Economic Issues*, Vol. 37, No. 2, 2003.

[198] Peneder, M., "Industrial Structure and Aggregate Growth", *Structural Change and Economic Dynamics*, No. 14, 2003, pp. 427 – 448.

[199] Peck, J., "Doing Regulation", In: G. L. Clark, M. P. Feldman, and M. S. /Gertlcr (eds.), The Oxford Handbook of Economic Geography, Oxford: Oxford University Press, 2000.

[200] Rotmans, J., "Transitions & Transition Management for Sustainable Development", *International Centre for Integrative Studies* (*ICIS B V*), Maastricht, December 2000.

[201] Stanback, T. M. J., *The New Suburbanization*, Boulder, CO: Westview, 1991.

[202] Smith, W. R., and Selwood, D., "Office Location and the Density – distance Relationship", *Urban Geography*, No. 4, 1983, pp. 302 – 316.

[203] Scott, A. J., "Industrialization and Urbanization: A Geographical Agenda", *Annals of the Association of American Geographers*, Vol. 76, No. 1, 1986.

[204] Shukla, V., and Waddell, P., "A Study of the Spatial Structure of Dallas – Fort Worth", *Regional Science and Urban Economics*, Vol. 21, No. 2, 1991.

[205] Steed, G. P. F., "Intrametropolitan Manufacturing: Spatial Distribution and Locational Dynamics in Greater Vancouver", *Canadian Geographer*, No. 17, 1973, p. 253 – 258.

[206] Tian, G. J., Liu, J. Y., and Zhang, Z. X., "Urban Functional Structure Characteristics and Transformation in China", *Cities*, Vol. 19, No. 4, 2002.

[207] Turok, I., *Scottish Urban Policy Continuity Change and Uncertainty Post Devolution*, in C. Johnstone & M. Whitehead (eds.) *New Horizons in British Urban Policy Perspectives on New Labour's Urban Renaissance*, Aldershot Ashgate, 2004.

[208] Turok, I., and Edge, N., *The Jobs Gap in Britain's Cities: Employment Loss and Labour Market Consequences*, Bristol: The Policy

Press, 1999.

[209] Vellinga, P., and Herb, N., "Industrial Transformation Project: IT Science Plan, *IHDP Report* No: 12, Bonn, Germany, 1999.

[210] Yamada, N., "The Future of Industrial Structure in Japan and the United States of America", *Japan and the World Economy*, No. 12, 2000, pp. 189 - 192.

[211] Yang, M. C., and Hsing, W. C., "Kinmen: Governing the Culture Industry City in the Changing Global Context", *Cities*, Vol. 18, No. 2, 2001.

[212] Wu, F. L., "Modeling Intrametropolitan Location of Foreign Investment firms in a Chinese City", *Urban Studies*, No. 37, 2000, pp. 2441 - 2464.

[213] Winterton, J., "Social Dialogue and Vocational Training in Europe" *Journal of European Industrial Training*, Vol. 30, No. 1, 2006.

[214] Winther, L., "The Economic Geographies of Manufacturing in Greater Copenhagen: Space, Evolution and Process Varity", *Urban Studies*, No. 9, 2001, pp. 1423 - 1443.

[215] Zhang, P. Y., Ma, Y. J., and Sheng, K. R., Transformation of Old Industrial City: The Case of Shenyang, China [A].《韩中学术会议论文集》，韩国大邱大学，2005 年 6 月 8 日。